ZÁKLADNÍ FÍKOVÁ KUCHAŘKA

Odemkněte potenciál fíků prostřednictvím 100 receptů pro každou příležitost

Dominik Vácha

Materiál chráněný autorským právem ©2024

Všechna práva vyhrazena

Žádná část této knihy nesmí být použita nebo přenášena v jakékoli formě nebo jakýmikoli prostředky bez řádného písemného souhlasu vydavatele a vlastníka autorských práv, s výjimkou krátkých citací použitých v recenzi. Tato kniha by neměla být považována za náhradu lékařských, právních nebo jiných odborných rad.

OBSAH

- OBSAH 3
- ÚVOD 6
- SNÍDANĚ 7
  - 1. Kozí Sýr A Fíkové Koblihy 8
  - 2. Fíkové oříškové mléko 10
  - 3. Fíky A Ořech Snídaňový Parfait 12
  - 4. Obr Snídaňové vafle 14
  - 5. Fík A Med Jogurt Mísa 16
  - 6. Fíkové toasty 18
  - 7. Omeleta s fíky a kozím sýrem 20
  - 8. Fíkové biscotti 22
  - 9. Fíky A Prosciutto Snídaně Pizza 25
  - 10. Fíkové muffiny s povidly 27
  - 11. Fíky A Mandle Jednodenní Oves 30
  - 12. Fíky A Ricottou Plněné Francouzský Toast 32
  - 13. Fíky A špenát Snídaňový zábal 34
- SVAČINKY A PŘEKRMY 36
  - 14. Vlašské ořechy, fíky a prosciutto Crostini 37
  - 15. Fíkové koláčky 39
  - 16. Grilované lišky a prosciutto zabalené fíky 41
  - 17. Fíkové lívanečky 43
  - 18. Plněné Obr 45
  - 19. Fík A Ořech Dulse Lanýže 47
  - 20. Pikantní Fík A Ořechové Větrníky 49
  - 21. Fíkové kokosové kuličky 52
  - 22. Fík A Kozí Sýr Crostini S Medem 54
  - 23. Fíkové a prosciutto špízy 56
  - 24. Fíky A Modrým Sýrem Plněné Houby 58
  - 25. Quesadillas s fíky a brie 60
  - 26. Fíky a pistácie Bruschetta 62
  - 27. Fíky A Slaninou Zabalené Datle 64
  - 28. Fík A Feta Phyllo Trojúhelníky 66
- CHLEBÍČKY A ZÁBALY 68
  - 29. Mozzarella, Prosciutto & Fíkový džem s grilovaným sýrem 69
  - 30. Prosciutto & Taleggio S Fíky Na Mesclun 71
  - 31. Fíky a karamelizovaný cibulový zeleninový burger 73
  - 32. Sendviče s fíky a prosciuttem 75
  - 33. Fík, prosciutto a sendvič s rukolou 77
  - 34. Grilovaný Fík, Kozí Sýr A Medový Zábal 79
  - 35. Fík, Turecko a Brie Panini 81
  - 36. Fig A Brie Turecko Burger 83

37. Fík, Prosciutto, A Kozí Sýr Flat Bread 85
38. Fík, šunka a švýcarský sýr Panini s fíkovou marmeládou 87
39. Fík, Slanina A Gouda Zábal S Cibulí 89
40. Fík A Modrý Sýr Burger 91
HLAVNÍ CHOD 93
41. Fíky a Gorgonzola plněná vepřová panenka 94
42. Fíky A Prosciutto Plněné žampiony Portobello 96
43. Fíky A Ořechy Plněné Kuřecí Prsa 98
44. Fíky a ricottou plněné těstovinové skořápky 100
45. Fík A Ořechový Salát S Grilovaným Lososem 102
PIZZA A PIZZETY 104
46. Fík, cibule a mikrozelená Pizzety 105
47. Fíky A Pancetta Pizza 108
48. Pizza s fíky a prosciuttem 110
49. Fík a čekanková pizza 112
50. Pizza s karamelizovanými fíky a kozím sýrem 115
51. Sýr A Fík Calzones 117
52. Fíky, rukola a prosciutto Pizza 120
53. Fíky, Modrý Sýr A Ořechové Pizzety 122
54. Fík, Ricotta A Medový chléb 124
SALÁTY 126
55. Salát z pomerančů a fíků 127
56. Grilovaný salát s fíky a halloumi 129
57. Fík, šunka A Nektarinkový Salát Ve Vinném Sirupu 131
58. Fík A Farro Salát S Kuřetem 133
59. Fík & Krůtí Salát S Kari Dresinkem 135
60. Melounový salát s fíky 137
61. Fík, Kozí Sýr A Ořechový Salát 139
62. Fík, prosciutto a rukolový salát 141
63. Fík, Quinoa A Cizrnový Salát 143
64. Fík, Prosciutto a Mozzarella Caprese Salát 145
65. Fík, špenát a pekanový salát 147
66. Fík, Avokádo A Krevetový Salát 149
67. Fík, Quinoa a Rukolový salát 151
DEZERT 153
68. Limoncello Fíkový Dort S Ořechovou Kůrkou 154
69. Tvarohový koláč s mraženým fíkem 157
70. Fíky se Zabaglione 160
71. Růže vonící Bavarois s fíky 162
72. Mousse z čerstvých fíků 165
73. Pavlova S Fíky A Granátovým Jablkem 168
74. Fík, med a ricotta Semifreddo 170
75. Fík And Balsamico Pot De Crème 172

- 76. Modrý Sýr A Fík Gelato Affogato 174
- 77. Zlatý Fík Led S Rumem 177
- 78. Bourbon uzená fíková zmrzlina 179
- 79. Fíky A Mascarpone Led 182

KOMĚNÍ 184
- 80. Konzervované Obr 185
- 81. Džem ze sušených fíků 187
- 82. Kandované Obr 189
- 83. Brusinkovo-fíkové chutney 191
- 84. Fík, Rozmarýn A Džem z červeného Vína 193

KOKTEJLY 195
- 85. Mocktail Calvados Teardrop 196
- 86. Fíky a rozmarýnem napuštěná voda 198
- 87. Grapefruit, Fík A Motýlí Kefír 200
- 88. Čerstvé fíky Curacao 202
- 89. Fig & Grand Marnier 204
- 90. Fíky a levandulová limonáda 206
- 91. Malinová A Fíková Limeáda 208
- 92. Fík A Med Smoothie 210
- 93. Fík a zázvorový ledový čaj 212
- 94. Kardamom-fíkové brandy 214
- 95. Mojito s fíky a mátou 216
- 96. Smoothie z fíků a vanilkových lusků 218
- 97. Ledový čaj s fíky a skořicí 220
- 98. Fík A Kokosová Voda Smoothie 222
- 99. Fík a bazalka Limonáda 224
- 100. Tonic z fíků a jablečného octa 226

ZÁVĚR 228

ÚVOD

Vítejte v knize „Základní kuchařka pro fíky: Odemkněte potenciál fíků prostřednictvím 100 receptů pro každou příležitost." Fíky se svou lahodnou sladkostí a všestrannou povahou jsou po staletí oslavovány v kulinářských tradicích po celém světě. V této kuchařce vás zveme k prozkoumání bohatého a rozmanitého světa fíků prostřednictvím vybrané sbírky 100 lákavých receptů, z nichž každý je navržen tak, aby předvedl jedinečné chutě a textury tohoto oblíbeného ovoce.

Fíky jsou víc než jen lahodná svačina; jsou kulinářskou velmocí, schopnou pozvednout sladká i slaná jídla do nových výšin. Ať už jste milovník fíků nebo zvědavý kuchař, který chce začlenit toto všestranné ovoce do svého repertoáru, na těchto stránkách najdete inspiraci a rady. Od předkrmů a salátů až po hlavní jídla, dezerty a další, existuje recept zaměřený na fíky pro každý mlsný jazýček a pro každou příležitost.

Každý recept v této kuchařce je pečlivě vytvořen tak, aby zdůraznil přirozenou sladkost a komplexnost fíků a zároveň je doplnil harmonickou směsí ingrediencí a chutí. Ať už si dopřáváte dekadentní koláč z fíků a kozího sýra nebo si vychutnáváte osvěžující salát z fíků a prosciutta, kouzlo fíků zažijete v každém soustu.

Ať už tedy plánujete slavnostní setkání, útulnou večeři pro dva nebo prostě jen chcete dodat dotek elegance svým každodenním jídlům, nechejte se „ZÁKLADNÍ FÍKOVÁ KUCHAŘKA" stát vaším průvodcem k odhalení plného potenciálu tohoto vynikajícího ovoce. . Díky svým lákavým receptům, užitečným tipům a úžasným fotografiím se tato kuchařka jistě stane oblíbeným společníkem ve vaší kuchyni.

SNÍDANĚ

1.Kozí Sýr A Fíkové Koblihy

SLOŽENÍ:
- 2 hrnky univerzální mouky
- 1 lžička prášku do pečiva
- ½ lžičky soli
- ¼ šálku nesoleného másla, rozpuštěného
- 1 šálek mléka
- 2 velká vejce
- ½ šálku rozdrobeného kozího sýra
- ¼ šálku sušených fíků, nakrájených

INSTRUKCE:
a) Předehřejte troubu na 375 °F (190 °C) a vymažte formu na koblihy sprejem na vaření.
b) V míse prošlehejte mouku, prášek do pečiva a sůl.
c) V samostatné misce smíchejte rozpuštěné máslo, mléko a vejce.
d) Přidejte mokré ingredience k suchým a míchejte, dokud se dobře nespojí.
e) Vmícháme rozdrobený kozí sýr a nakrájené sušené fíky.
f) Lžící nalijte těsto do připravené formy na koblihy, každou formu naplňte asi do ¾.
g) Pečte 12–15 minut nebo dokud koblihy nezezlátnou.
h) Vyjměte z trouby a před vyjmutím z formy nechte 5 minut vychladnout.

2.Fíkové oříškové mléko

SLOŽENÍ:
- 2 šálky mandlového nebo oříškového mléka
- ½ šálku sušených fíků, jemně nasekaných
- ½ lžičky vanilkového extraktu
- 2 velké špetky himalájské krystalové soli nebo mořské soli

INSTRUKCE:
a) V mixéru smíchejte oříškové mléko, sušené fíky, vanilkový extrakt a sůl.
b) Rozmixujte do hladka.

3.Fíky A Ořech Snídaňový Parfait

SLOŽENÍ:
- 1 hrnek řeckého jogurtu
- 1/4 šálku granoly
- 2-3 čerstvé fíky, nakrájené na kostičky
- 2 lžíce nasekaných vlašských ořechů
- 1 lžíce medu
- Špetka skořice

INSTRUKCE:
a) Do sklenice nebo misky navrstvěte řecký jogurt, granolu, na kostičky nakrájené fíky a nasekané vlašské ořechy.
b) Vrch parfait pokapejte medem a posypte špetkou skořice.
c) Vrstvy opakujte, dokud nespotřebujete všechny ingredience, na závěr posypte nasekanými vlašskými ořechy.
d) Snídaňové parfait z fíků a vlašských ořechů ihned podávejte.

4.Obr Snídaňové vafle

SLOŽENÍ:

- ¾ šálku kalifornských sušených fíků
- 2 šálky koláčové mouky, proseté
- 2 lžíce prášku do pečiva s dvojitým účinkem
- ½ lžičky soli
- 2 lžíce cukru
- 1 lžička nastrouhané citronové kůry
- 3 žloutky
- 1½ šálku mléka
- 7 lžic másla nebo tuku, rozpuštěného
- 3 bílky, ušlehané dotuha

INSTRUKCE:

a) Začněte tím, že necháte sušené fíky stát ve vroucí vodě po dobu 10 minut.
b) Poté pomocí nůžek odstřihněte jejich stonky a konce květů a poté je nastříhejte na malé kousky. Část si nechte pro použití v sirupu.
c) Prosejte mouku na koláč a poté ji odměřte. Znovu ho prosejte do mísy spolu se zbývajícími suchými ingrediencemi s dvojčinným práškem do pečiva, solí, cukrem, nastrouhanou citronovou kůrou a najemno nakrájenými fíky.
d) V samostatné misce smíchejte dobře rozšlehané žloutky s mlékem a rozpuštěným máslem nebo tukem.
e) Mokré ingredience zlehka vmíchejte do suchých, dokud se dobře nespojí.
f) Jemně vmícháme tuhý sníh z bílků.
g) Vaflové těsto pečte na rozpálené vaflovači, dokud nejsou vafle zlatavě hnědé.
h) Vafle podávejte s velkým množstvím másla a teplým javorovým sirupem, do kterého jste přidali odložené nakrájené fíky.
i) Užijte si své vynikající fíkové snídaňové vafle!

5. Fík A Med Jogurt Mísa

SLOŽENÍ:
- 1 hrnek řeckého jogurtu
- 2-3 čerstvé fíky, nakrájené na plátky
- 2 lžíce nasekaných ořechů (jako jsou mandle, vlašské ořechy nebo pekanové ořechy)
- 1 lžíce medu
- Špetka skořice

INSTRUKCE:
a) Do misky nalijte řecký jogurt.
b) Nakrájené fíky položte na jogurt.
c) Fíky posypeme nasekanými ořechy.
d) Misku s jogurtem pokapejte medem a posypte špetkou skořice.
e) Misku s fíkem a medovým jogurtem ihned podávejte.

6. Fíkové toasty

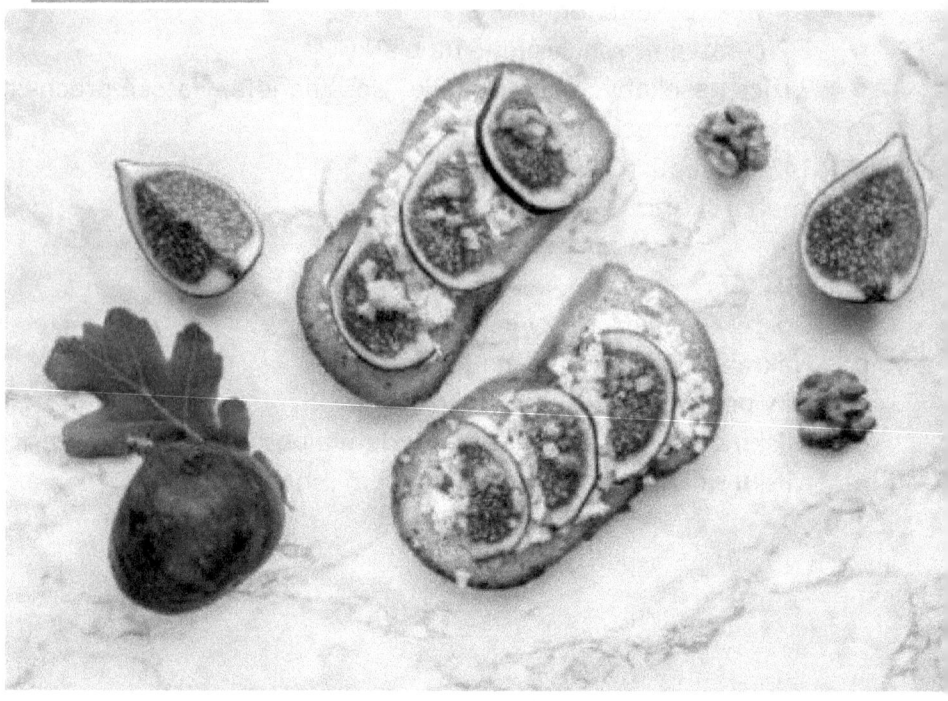

SLOŽENÍ:
- 12 středních fíků (asi 1 ½ libry)
- 4 plátky Brioche nebo challah, nakrájené na 1 palec
- ½ šálku cukru
- 3 lžíce másla
- ½ šálku bílého jogurtu, míchejte do hladka
- ¼ šálku nakrájených mandlí

INSTRUKCE:
a) Předehřejte troubu na 500 stupňů Fahrenheita nebo na nejvyšší možné nastavení.
b) Plátky chleba opečte tak, že je položíte přímo na mřížku trouby a opékáte je ve vyhřáté troubě, dokud nezezlátnou, což by mělo trvat asi 4 až 5 minut. Po dokončení položte toustový chléb na 4 nahřáté talíře.
c) Zatímco se chléb opéká, odřízněte z fíků stonky. Fíky rozkrojte napůl a namočte je do cukru, aby byly dobře obalené.
d) Na pánvi rozehřejte 1 lžíci másla, poté přidejte nakrájené mandle. Smažte je, dokud nezezlátnou, což by mělo trvat asi 2 až 3 minuty. Opražené mandle dejte stranou.
e) Ve stejné pánvi rozehřejte zbývající máslo, dokud nezpění. Přidejte fíky řeznou stranou dolů a opékejte je, dokud nebudou hotové, jednou je otočte. To by mělo trvat asi 3 až 4 minuty.
f) Orestované fíky položte na opečené plátky chleba a lžičkou přelijte šťávu z pánve.
g) Každý toast potřete jogurtem a posypte opraženými mandlemi.
h) Fíkový toast podávejte ihned, aby zůstal křupavý.
i) Užijte si své lahodné fíkové toasty!

7.Omeleta s fíky a kozím sýrem

SLOŽENÍ:
- 3 vejce
- 2-3 čerstvé fíky, nakrájené na kostičky
- 2 lžíce rozdrobeného kozího sýra
- 1 lžíce nasekané čerstvé bazalky
- Sůl a pepř na dochucení
- Máslo nebo olivový olej na vaření

INSTRUKCE:
a) Vejce rozklepněte do mísy a šlehejte, dokud nejsou dobře vyšlehané. Dochuťte solí a pepřem.
b) Rozehřejte nepřilnavou pánev na střední teplotu a přidejte trochu másla nebo olivového oleje.
c) Do pánve nalijte rozšlehaná vejce a nechte je nerušeně vařit, dokud okraje nezačnou tuhnout.
d) Jednu polovinu omelety rovnoměrně posypeme na kostičky nakrájenými fíky, rozdrobeným kozím sýrem a nasekanou čerstvou bazalkou.
e) Pomocí stěrky přeložte druhou polovinu omelety přes náplň.
f) Vařte další minutu nebo dvě, dokud se sýr nerozpustí a omeleta se nepropeče.
g) Přesuňte omeletu na talíř a podávejte horkou.

8. Fíkové biscotti

SLOŽENÍ:

- 2 hrnky univerzální mouky
- 1 ½ lžičky prášku do pečiva
- ¼ lžičky soli
- Kůra ze 2 citronů
- ½ šálku (1 tyčinka) nesoleného másla, změkčeného
- ¾ šálku krystalového cukru
- 2 velká vejce
- 1 lžička vanilkového extraktu
- 1 šálek sušených fíků, nakrájených
- ½ šálku loupaných mandlí

INSTRUKCE:

a) Předehřejte troubu na 350 °F (175 °C). Plech vyložte pečícím papírem.
b) V míse prošlehejte mouku, prášek do pečiva, sůl a citronovou kůru. Tuto suchou směs dejte stranou.
c) V samostatné misce ušlehejte změklé máslo a krystalový cukr do světlé a nadýchané hmoty, což by mělo trvat asi 2 minuty.
d) Vklepejte vejce, jedno po druhém, aby bylo každé vejce dobře zapracováno. Vmícháme vanilkový extrakt.
e) Do mokré směsi (máslo, cukr, vejce, vanilka) postupně přidáváme suchou směs (mouku, prášek do pečiva, sůl a citronovou kůru). Míchejte, dokud nevznikne tuhé těsto.
f) Do těsta vmícháme nakrájené sušené fíky a nasekané mandle.
g) Těsto rozdělte na polovinu a z každé poloviny vytvarujte poleno asi 12 palců dlouhé a 2 palce široké. Umístěte tato polena na připravený plech a nechte mezi nimi určitý prostor.
h) Pečte v předehřáté troubě asi 25–30 minut nebo dokud nejsou špalky pevné a lehce zlatavé.
i) Vyjměte špalky z trouby a nechte je asi 10 minut vychladnout. Snižte teplotu trouby na 325 °F (160 °C).
j) Pomocí ostrého nože nakrájejte polena diagonálně na ½ palce široké biscotti. Tyto plátky položte zpět na plech a řezem nahoru.
k) Sušenky pečte dalších 15–20 minut, nebo dokud nebudou křupavé a lehce opečené.
l) Biscotti s citronovými fíky nechte zcela vychladnout na mřížce.
m) Po vychladnutí uložte biscotti do vzduchotěsné nádoby. Můžete si je vychutnat s šálkem čaje nebo kávy.

9.Fíky A Prosciutto Snídaně Pizza

SLOŽENÍ:
- 1 předem připravená pizza korpus nebo placka
- 1/2 šálku sýra ricotta
- 4-5 čerstvých fíků, nakrájených na tenké plátky
- 2-3 plátky prosciutta, nakrájené na kousky
- 1 lžíce medu
- Čerstvá rukola na ozdobu
- Balsamico glazura (volitelně)

INSTRUKCE:
a) Předehřejte troubu podle pokynů pro těsto na pizzu.
b) Na krustu pizzy rovnoměrně rozprostřete sýr ricotta.
c) Na ricottu položte nakrájené fíky a natrhaný prosciutto.
d) Fíky a prosciutto pokapejte medem.
e) Pizzu pečte v předehřáté troubě, dokud nebude kůrka zlatavě hnědá a křupavá a polevy prohřáté, asi 10–12 minut.
f) Vyndejte z trouby a ozdobte čerstvou rukolou a podle potřeby zakápněte balzamikovou polevou.
g) Snídaňovou pizzu s fíkem a prosciuttem nakrájejte a podávejte horkou.

10.Fíkové muffiny s povidly

SLOŽENÍ:
PRO DŽEM:
- 1 šálek kalifornských sušených fíků
- 2 šálky studené vody
- 1 šálek granulovaného cukru
- Sůl, špetka
- ¼ lžičky mletého hřebíčku

NA TĚSTO:
- 2½ hrnku prosáté univerzální mouky
- 4 lžičky prášku do pečiva
- 1 lžička soli
- 2 lžíce granulovaného cukru
- 6 lžic Tuk
- ¾ šálku mléka
- 2 vejce

INSTRUKCE:
PRO DŽEM:
a) Začněte opláchnutím a scezením kalifornských sušených fíků. Poté odřízněte jejich stonky a jemně je namelte nebo nasekejte.
b) Do hrnce přidejte nakrájené fíky a vodu. Přiveďte k varu a za stálého míchání vařte asi 15 minut, nebo dokud se voda nevsákne.
c) Do fíkové směsi přidejte krystalový cukr, špetku soli a mletý hřebíček. Pokračujte ve vaření a míchání, dokud směs nedosáhne husté konzervační konzistence, což by mělo trvat asi 7 až 10 minut.

NA TĚSTO:
d) V samostatné misce prosejeme univerzální mouku, prášek do pečiva, sůl a krystalový cukr.
e) Tuk zapracujte do moučné směsi, dokud nebude připomínat hrubou strouhanku.
f) K suchým ingrediencím přidejte mléko a rozšlehaná vejce a míchejte, dokud se dobře nespojí.
g) Vymažte 12 středně velkých formiček na muffiny a těsto mezi ně rovnoměrně rozdělte.
h) Lžící vytvořte na vršku každého muffinu „studnu".
i) Každou "studničku" naplníme lžící připravené fíkové marmelády.
j) Muffiny pečte v horké troubě při 220 °C asi 18 minut nebo dokud nebudou zlatavě hnědé.
k) Muffiny podávejte horké s máslem a zbylou fíkovou marmeládou.
l) Vychutnejte si lahodné muffiny s fíkovou povidly!

11. Fíky A Mandle Jednodenní Oves

SLOŽENÍ:
- 1/2 šálku ovesných vloček
- 1/2 šálku mandlového mléka
- 1/4 šálku řeckého jogurtu
- 1 lžička chia semínek
- 2-3 čerstvé fíky, nakrájené na kostičky
- 1 lžíce medu nebo javorového sirupu
- 1/4 lžičky vanilkového extraktu
- Nakrájené mandle a další nakrájené fíky na polevu

INSTRUKCE:
a) Ve sklenici nebo misce smíchejte ovesné vločky, mandlové mléko, řecký jogurt, chia semínka, nakrájené fíky, med nebo javorový sirup a vanilkový extrakt. Dobře promíchejte, aby se spojily.
b) Sklenici nebo misku zakryjte a dejte do lednice přes noc nebo alespoň na 4 hodiny.
c) Před podáváním ovesné vločky dobře promíchejte. Pokud je konzistence příliš hustá, můžete přidat troška mandlového mléka na zředění.
d) Před podáváním posypte celonoční oves nakrájenými mandlemi a dalšími nakrájenými fíky.

12.Fíky A Ricottou Plněné Francouzský Toast

SLOŽENÍ:
- 4 plátky tlustého chleba (jako je brioška nebo challah)
- 1/2 šálku sýra ricotta
- 2-3 čerstvé fíky, nakrájené na tenké plátky
- 2 vejce
- 1/4 šálku mléka
- 1 lžička vanilkového extraktu
- 1 lžíce másla
- Javorový sirup, k podávání

INSTRUKCE:
a) Na dva plátky chleba rozprostřete velkou vrstvu sýra ricotta. Navrch dejte nakrájené fíky a poté přikryjte zbývajícími dvěma plátky chleba, abyste vytvořili sendviče.
b) V mělké misce prošlehejte vejce, mléko a vanilkový extrakt, abyste vytvořili těsto.
c) Máslo rozehřejte na pánvi na středním plameni.
d) Každý sendvič ponořte do vaječné směsi a ujistěte se, že jsou obě strany rovnoměrně potaženy.
e) Ponořené sendviče dejte na pánev a opékejte dozlatova a křupavé z obou stran, asi 3-4 minuty z každé strany.
f) Plněné francouzské toasty podávejte teplé s pokapaným javorovým sirupem.

13. Fíky A špenát Snídaňový zábal

SLOŽENÍ:
- 1 velká celozrnná tortilla
- 2-3 lžíce smetanového sýra
- Hrst čerstvých listů špenátu
- 2-3 čerstvé fíky, nakrájené na plátky
- 1 lžíce balzamikové glazury

INSTRUKCE:
a) Smetanový sýr rovnoměrně rozprostřete na celozrnnou tortillu.
b) Na tvarohový krém navrstvíme lístky čerstvého špenátu a nakrájené fíky.
c) Náplň pokapeme balzamikovou polevou.
d) Tortillu pevně srolujte, aby vytvořila obal.
e) Zábal rozkrojte napůl a ihned podávejte.

SVAČINKY A PŘEkrmy

14. Vlašské ořechy, fíky a prosciutto Crostini

SLOŽENÍ:
- 1 bochník chleba ciabatta, nakrájený na ½ palce silné
- Extra panenský olivový olej
- 12 plátků prosciutta
- ¼ šálku opečených vlašských ořechů, nasekaných
- Extra panenský olivový olej
- 6 zralých fíků, rozpůlených
- 1 svazek čerstvé petrželky
- 1 stroužek česneku, nakrájený na plátky
- Čerstvě mletý černý pepř
- 6 lžic balzamikového octa

INSTRUKCE:
a) Předehřejte grilovací pánev a grilujte plátky ciabatty.
b) Ciabattu jemně potřete řeznou stranou česneku.
c) Pokapejte extra panenským olivovým olejem.
d) Na každé horké crostini položte kousek prosciutta a polovinu fíku.
e) Navrch dejte petrželku a vlašské ořechy a zakápněte dalším extra panenským olivovým olejem.
f) Před podáváním přidejte špetku balzamikového octa a dochuťte čerstvě mletým černým pepřem.

15. Fíkové koláčky

SLOŽENÍ:
- 2 hrnky univerzální mouky
- ¼ šálku krystalového cukru
- 1 lžička prášku do pečiva
- ½ lžičky soli
- ½ šálku nesoleného másla, studeného a nakrájeného na kostky
- ¾ šálku podmáslí
- 1 lžička vanilkového extraktu
- 1 šálek čerstvých fíků, nakrájených na plátky
- Šlehačka, k podávání

INSTRUKCE:
a) Předehřejte troubu na 425 °F (220 °C).
b) Ve velké míse smíchejte mouku, cukr, prášek do pečiva a sůl.
c) K suchým ingrediencím přidáme studené nakrájené máslo. Vykrajovátkem na pečivo nebo prsty nakrájejte máslo do moučné směsi, dokud nebude připomínat hrubou strouhanku.
d) Uprostřed směsi udělejte důlek a nalijte do něj podmáslí a vanilkový extrakt. Míchejte, dokud se nespojí.
e) Těsto vyklopte na pomoučněnou plochu a několikrát ho jemně prohněťte, dokud se nespojí.
f) Těsto rozválíme na 1 palec tlustý kruh a vykrajujeme placky pomocí vykrajovátka na sušenky.
g) Krevety dejte na plech vyložený pečicím papírem.
h) Pečte 12–15 minut nebo dozlatova.
i) Vyjměte z trouby a nechte je mírně vychladnout.
j) Nakrájejte koláčky vodorovně na poloviny. Naplňte je nakrájenými fíky a šlehačkou. Navrch dejte druhou polovinu koláče a podávejte.

16. Grilované lišky a prosciutto zabalené fíky

SLOŽENÍ:
- 4 unce Prosciutto di Parma nakrájené na tenké plátky
- ½ šálku extra panenského olivového oleje
- 3 lžíce balzamikového octa
- ½ lžičky soli
- ¼ lžičky pepře
- 10 zralých, ale pevných fíků Black Mission oříznutých, podélně rozpůlených
- 4 unce lišek otřených
- 8 šálků listů rukoly volně zabalených
- ¼ šálku Smíšené jedlé květy (volitelně)

INSTRUKCE:

a) Pomocí malého ostrého nože nakrájejte z prosciutta dvacet proužků o velikosti 3 x 1 palec. Zbývající prosciutto nakrájejte na 1-palcové proužky.

b) V malé misce prošlehejte olivový olej, balzamikový ocet, sůl a pepř. Nechte si šálek dresinku a odložte stranou. Nalijte zbývající vinaigrette do středně nereaktivní misky. Přidejte půlky fíků a žampiony a jemně promíchejte. Necháme 30 minut marinovat.

c) Zapalte gril nebo předehřejte brojler. Půlky fíků vyjměte jednu po druhé z marinády a jednotlivě je zabalte do velkých proužků prosciutta. Střídavě s houbami navlékněte 5 zabalených polovin fíků na každou ze čtyř 10palcových dřevěných špejlí.

d) Grilujte nebo opékejte asi 1 minutu z každé strany, dokud lehce nezhnědne.

e) Přeneste na talíř.

f) Do velké salátové mísy vhoďte rukolu s vyhrazeným dresinkem.

g) Rozdělte na 4 velké salátové talíře. Na každý salát naaranžujte fíky obalené v prosciuttu a houby z 1 špejle.

h) Ozdobte jedlými květy a zbylými malými kousky prosciutta. Ihned podávejte.

17. Fíkové lívanečky

SLOŽENÍ:
- 24 Pevné zralé fíky
- 2 vejce, oddělená
- ⅝ šálku mléka
- 1 lžíce oleje
- 1 špetka soli
- Nastrouhaná citronová kůra
- 20½ unce mouky
- 1 lžíce cukru
- Olej na smažení

INSTRUKCE:
a) V míse vyšleháme žloutky s mlékem, olejem, solí a citronovou kůrou.
b) Vmíchejte mouku a cukr a dobře promíchejte. Těsto dejte na 2 hodiny do lednice.
c) Z bílků ušleháme tuhý sníh a vmícháme je do těsta. Fíky namáčejte do těsta a smažte je v rozpáleném oleji do zlatova.
d) Krátce podusíme a posypeme cukrem. Stejným způsobem lze připravit meruňky, banány a další ovoce.

18.Plněné Obr

SLOŽENÍ:
- 8 zralých fíků
- ½ šálku sýra ricotta
- 2 lžíce medu
- ¼ šálku nasekaných vlašských ořechů

INSTRUKCE:
a) Z každého fíku odřízněte stonek a nahoře nařízněte X.
b) Jemným zatlačením na spodní část fíku jej otevřete.
c) V misce smíchejte sýr ricotta, med a nasekané vlašské ořechy.
d) Naplňte každý fík směsí ricotty.
e) Podávejte vychlazené.

19.Fík A Ořech Dulse Lanýže

SLOŽENÍ:
- 12 sušených fíků namočených ve vodě, zbavených stopek a rozpůlených
- 1 a půl hrnku vlašských ořechů
- 1 lžíce dulse, ve vločkách
- 1 špetka soli
- 1 lžička vanilky
- 1 lžíce syrového kakaového másla, nastrouhaného
- ¼ šálku surového kakaového prášku plus extra nebo strouhaná hořká čokoláda.
- V případě potřeby špetka ananasové šťávy nebo rezervovaná tekutina z namočených fíků.

INSTRUKCE:
a) Ořechy, dulse a sůl nasekejte v kuchyňském robotu pomocí čepele S.
b) Fíky sceďte a nechte si tekutinu.
c) Přidejte fíky k vlašským ořechům se zbývajícími ingrediencemi a pulzujte, dokud se směs nespojí.
d) Vytvarujte na čtvercový talíř. Vychladíme a nakrájíme na malé čtverečky. Poprášíme raw kakaem. Nebo vytvarujte kuličky a poprašte kakaem nebo strouhanou čokoládou.

20.Pikantní Fík A Ořechové Větrníky

SLOŽENÍ:
- 1 šálek nakrájených fíků Calimyrna (asi 6 uncí)
- ¼ šálku plus 2 polévkové lžíce vody
- ¼ šálku granulovaného cukru
- ¼ šálku nasekaných vlašských ořechů
- 1½ šálku univerzální mouky
- ½ lžičky jedlé sody
- ¼ lžičky soli
- 1 lžička mleté skořice
- ½ lžičky mletého muškátového oříšku
- ½ šálku (1 tyčinka) nesoleného másla; pokojová teplota
- ¾ šálku Pevně zabaleného tmavě hnědého cukru
- ¼ šálku zakysané smetany
- ½ lžičky citronového extraktu

INSTRUKCE:
a) Smíchejte fíky, vodu a krystalový cukr v malém hrnci.
b) Vařte na středním plameni za stálého míchání asi 5 minut, dokud se voda nevsákne.
c) Sundejte z plotny, vmíchejte vlašské ořechy a nechte vychladnout. V míse smíchejte mouku, jedlou sodu, sůl a koření.
d) Ve velké mixovací misce ušlehejte máslo a hnědý cukr elektrickým šlehačem při střední rychlosti, dokud nebudou bledé a hladké. Při nízké rychlosti zašleháme zakysanou smetanu a poté citronový extrakt.
e) Vařečkou vmícháme moučnou směs. Těsto vyklopte na malý plech vyložený voskovým papírem. Gumovou stěrkou vytvarujte obdélník o velikosti 8 x 6 palců. Zakryjte druhým listem voskového papíru a dejte na 30 minut do chladničky.
f) Těsto rozválejte na plechu na obdélník 12 x 9 palců. Odstraňte horní list voskového papíru. Navrch rovnoměrně rozprostřete fíkovou náplň a po delších stranách ponechejte ½-palcový okraj. Přehněte okraj podél jednoho z dlouhých okrajů a těsto pevně srolujte jako roládu.
g) Zamačkejte protější okraj, aby se utěsnil. Zabalte do voskového papíru a dejte do lednice alespoň na 3 hodiny.

h) Předehřejte troubu na 375 F.
i) Roládu nakrájejte na ¼-palcové plátky a položte na nevymazané plechy.
j) Pečte asi 12 minut, dokud nebudou lehce zabarvené a pevné na dotek.
k) Sušenky chlaďte 1 minutu na plátech a poté je přemístěte na mřížky, aby vychladly.

21. Fíkové kokosové kuličky

SLOŽENÍ:
- ¾ šálku kalifornských sušených fíků
- ¾ šálku strouhaného kokosu
- ½ šálku ořechového masa
- 1 lžička nastrouhané citronové kůry
- 1 lžička citronové šťávy

INSTRUKCE:
a) Začněte vařením kalifornských sušených fíků v páře. Po uvaření v páře odstřihněte stonky nůžkami a poté je najemno namelte nebo nasekejte.
b) Kokosové a ořechové maso melte, dokud nedosáhne jemné konzistence.
c) Smíchejte dušené a nakrájené fíky, mletý kokos, ořechové maso, nastrouhanou citronovou kůru a citronovou šťávu. Propracujte je, dokud nevytvoří konzistenci podobnou pastě. V případě potřeby můžete přidat více citronové šťávy, abyste dosáhli požadované textury.
d) Ze směsi tvarujte malé kuličky o průměru asi ¾ palce.
e) Takto vytvořené kuličky obalte v jemně nasekaném kokosu, aby se obalily.
f) Užijte si lahodné kalifornské fíkové kokosové kuličky!

22. Fík A Kozí Sýr Crostini S Medem

SLOŽENÍ:
- Bageta, nakrájená
- Čerstvé fíky, nakrájené na plátky
- Kozí sýr
- Miláček
- Listy čerstvého tymiánu
- Olivový olej
- Sůl a pepř

INSTRUKCE:
a) Předehřejte troubu na 375 °F (190 °C).
b) Plátky bagety položte na plech a lehce potřete olivovým olejem. Pečte dozlatova a dokřupava, asi 8-10 minut.
c) Na každý opečený plátek bagety namažte kozí sýr.
d) Navrch dejte nakrájené fíky, pokapejte medem a posypte lístky čerstvého tymiánu.
e) Dochuťte solí a pepřem podle chuti.
f) Crostini ihned podávejte.

23. Fíkové a prosciutto špízy

SLOŽENÍ:
- Čerstvé fíky
- Prosciutto plátky, nakrájené na proužky
- Balzamiková glazura
- Dřevěné špejle

INSTRUKCE:
a) Fíky překrojte napůl.
b) Každou polovinu fíku obalíme proužkem prosciutta.
c) Zabalené fíky napíchněte na dřevěné špejle.
d) Pokapeme balzamikovou polevou.
e) Podávejte jako elegantní předkrm.

24. Fíky A Modrým Sýrem Plněné Houby

SLOŽENÍ:
- Velké houby (jako cremini nebo portobello)
- Čerstvé fíky, nakrájené na kostičky
- Modrý sýr, rozdrobený
- Česnek, mletý
- Čerstvá petržel, nasekaná
- Olivový olej
- Sůl a pepř

INSTRUKCE:
a) Předehřejte troubu na 375 °F (190 °C).
b) Houby zbavte stopek a jemně vydlabejte část žaber, aby bylo místo pro náplň.
c) V misce smíchejte na kostičky nakrájené fíky, nadrobenou nivu, mletý česnek, nasekanou petrželku, olivový olej, sůl a pepř.
d) Každý klobouk žampionů naplňte směsí fíků a nivy.
e) Naplněné houby dejte na plech vyložený pečicím papírem.
f) Pečeme v předehřáté troubě 15–20 minut, nebo dokud houby nezměknou a náplň nezměkne.
g) Plněné houby podávejte teplé jako lahodný předkrm.

25.Quesadillas s fíky a brie

SLOŽENÍ:
- Moučné tortilly
- Čerstvé fíky, nakrájené na plátky
- Sýr Brie, nakrájený na plátky
- Miláček
- Listy čerstvého tymiánu
- Olivový olej nebo máslo

INSTRUKCE:
a) Rozpalte pánev na střední teplotu a jednu stranu moučné tortilly lehce potřete olivovým olejem nebo máslem.
b) Vložte tortillu naolejovanou stranou dolů do pánve.
c) Na jednu polovinu tortilly položte plátky sýra Brie a čerstvé fíky.
d) Fíky pokapeme medem a posypeme lístky čerstvého tymiánu.
e) Přeložte druhou polovinu tortilly přes náplň, abyste vytvořili tvar půlměsíce.
f) Vařte, dokud nebude dno zlatavě hnědé a sýr se nerozpustí, poté otočte a opékejte druhou stranu.
g) Sundejte z pánve a nakrájejte na měsíčky. Podávejte teplé.

26.Fíky a pistácie Bruschetta

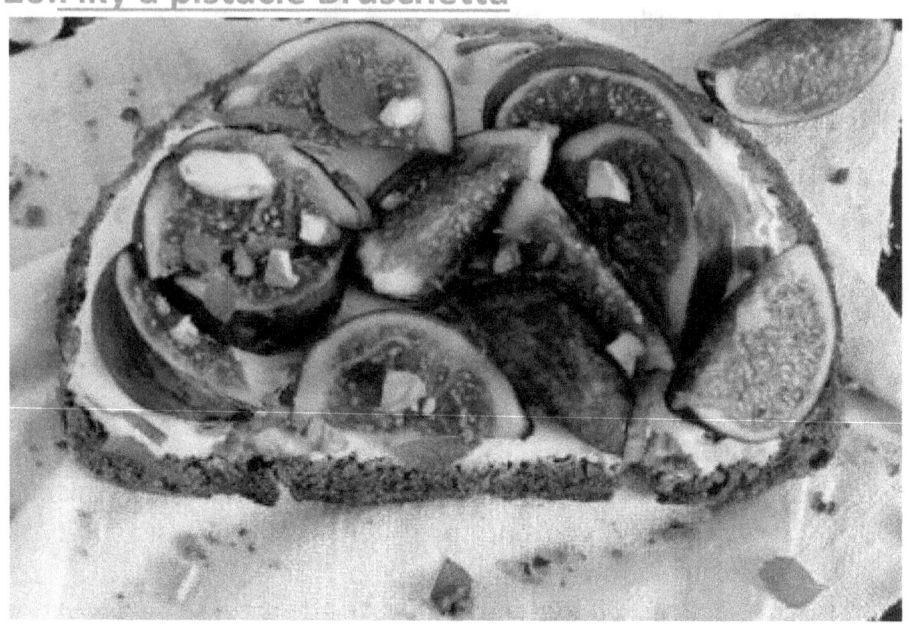

SLOŽENÍ:
- Bageta, nakrájená
- Čerstvé fíky, nakrájené na plátky
- Sýr ricotta
- Pistácie, nakrájené
- Miláček
- Balzamiková glazura

INSTRUKCE:
a) Plátky bagety opečte dozlatova a křupava.
b) Na každý toast potřete vrstvu sýra ricotta.
c) Navrch dejte nakrájené fíky a nasekané pistácie.
d) Pokapeme medem a balzamikovou polevou.
e) Bruschettu ihned podávejte jako lahodný předkrm.

27. Fíky A Slaninou Zabalené Datle

SLOŽENÍ:
- Datle Medjool, vypeckované
- Čerstvé fíky, rozpůlené
- Plátky slaniny, nakrájené na polovinu
- Balzamiková glazura
- Párátka

INSTRUKCE:
a) Předehřejte troubu na 375 °F (190 °C).
b) Každé datum naplňte půlkou fíku.
c) Každou plněnou datli obalíme polovičním plátkem slaniny a zajistíme párátkem.
d) Zabalené datle dejte na plech vyložený pečicím papírem.
e) Pečte v předehřáté troubě 15-20 minut, nebo dokud slanina není křupavá.
f) Před podáváním pokapeme balzamikovou polevou. Užijte si tato sladká a slaná sousta!

28.Fík A Feta Phyllo Trojúhelníky

SLOŽENÍ:
- Plechy na pečivo Phyllo, rozmražené
- Čerstvé fíky, nakrájené na kostičky
- Sýr feta, rozdrobený
- Miláček
- Olivový olej nebo rozpuštěné máslo

INSTRUKCE:
a) Předehřejte troubu na 375 °F (190 °C) a vyložte plech pečicím papírem.
b) Plátky fylového těsta nakrájejte na čtverce nebo obdélníky.
c) Do středu každého kousku phyllo položte malou lžíci nakrájených fíků a rozdrobeného sýra feta.
d) Náplň pokapejte medem.
e) Fyllové těsto přeložte přes náplň, abyste vytvořili trojúhelníky, každý trojúhelník potřete olivovým olejem nebo rozpuštěným máslem, aby se uzavřel.
f) Naplněné trojúhelníky položíme na připravený plech.
g) Pečte v předehřáté troubě 12–15 minut nebo do zlatohnědé a křupavé.
h) Podávejte fíky a feta phyllo trojúhelníky teplé jako lahodný předkrm.

CHLEBÍČKY A ZÁBALY

29. Mozzarella, Prosciutto & Fíkový džem s grilovaným sýrem

SLOŽENÍ:
- 4 měkké francouzské nebo italské rolky (nebo polopečené, pokud jsou k dispozici)
- 10-12 uncí čerstvé mozzarelly, nakrájené na silné plátky
- 8 uncí prosciutto, nakrájené na tenké plátky
- ¼-½ šálku fíkové marmelády nebo fíkové konzervy podle chuti
- Měkké máslo na namazání na chleba

INSTRUKCE:
a) Každý váleček rozdělte a navrstvěte na mozzarellu a prosciutto. Vrchní plátky potřete fíkovou marmeládou a uzavřete.
b) Vnějšek každého sendviče lehce namažte máslem.
c) Zahřejte těžkou nepřilnavou pánev nebo lis na panini na středně vysokou teplotu.
d) Vložte sendviče do pánve, pracujte ve dvou dávkách v závislosti na velikosti pánve. Sendviče přitlačte nebo zavřete gril a opékejte, jednou nebo dvakrát otočte, dokud není chléb křupavý a sýr se nerozpustí.
e) I když role začínají jako kulaté, po stisknutí jsou výrazně plošší a lze je snadno otáčet, i když opatrně.

30.Prosciutto & Taleggio S Fíky Na Mesclun

SLOŽENÍ:
- 8 velmi tenkých plátků kváskového chleba nebo bagety
- 3 lžíce extra panenského olivového oleje, rozdělené
- 4 unce prosciutta, nakrájené na 8 plátků
- 8 uncí zralého sýra Taleggio, nakrájeného na osm kusů
- 4 velké hrsti salátové jarní směsi (mesclun)
- 2 lžíce nasekané čerstvé pažitky
- 2 lžíce nasekaného čerstvého kerblíku
- 1 lžíce čerstvé citronové šťávy Sůl
- Černý pepř
- 6 zralých černých fíků, rozčtvrcených
- 2 lžičky balzamikového octa

INSTRUKCE:

a) Chléb lehce potřete malým množstvím olivového oleje a položte na plech. 2 Předehřejte troubu na 400 °F. Umístěte chléb na nejvyšší příčku a pečte asi 5 minut, nebo dokud nezačnou být křupavé. Vyjměte a nechte vychladnout, asi 10 minut.

b) Když vychladne, omotejte plátky prosciutta kolem plátků Taleggio a každý položte na kousek chleba. Na přípravu salátu si vyhraďte chvilku.

c) Zeleninu smíchejte s asi 1 lžící olivového oleje, pažitkou a kerblíkem, poté přidejte citronovou šťávu, sůl a pepř podle chuti. Rozložte na 4 talíře a ozdobte čtvrtkami fíků.

d) Vršky balíčků obalených v prosciuttu potřete zbylým olivovým olejem, vložte je do velké pánve vhodné do trouby a pečte 5 až 7 minut, nebo dokud sýr nezačne vytékat a prosciutto po okrajích křupe.

e) Rychle vyjměte balíčky a naaranžujte je na každý salát, pak do horké pánve protřepejte balzamikový ocet. Promíchejte, aby se prohřálo, a poté jím nalijte na saláty a toasty. Ihned podávejte.

31. Fíky a karamelizovaný cibulový zeleninový burger

SLOŽENÍ:
- Veggie burger placičky (koupené v obchodě nebo domácí)
- Čerstvé fíky, nakrájené na plátky
- Karamelizovaná cibule
- Plátky švýcarského sýra
- Celozrnné burgerové housky
- Smíšené zelené
- Majonéza nebo vaše oblíbená burger omáčka
- Olivový olej
- Sůl a pepř

INSTRUKCE:
a) Uvařte veggie burger placičky podle pokynů na obalu nebo podle receptů.
b) Na pánvi na středním plameni rozehřejte olivový olej a karamelizujte cibuli do zlatohnědé a měkké.
c) Celozrnné burgerové housky zlehka opečte na grilu nebo v toustovači.
d) Spodní poloviny housky potřete majonézou nebo oblíbenou burgerovou omáčkou.
e) Na housky potažené omáčkou položte uvařené veggie burger placičky.
f) Navrch každou placičku položte nakrájené fíky, karamelizovanou cibuli a plátky švýcarského sýra.
g) Navrch přidejte hrst míchané zeleniny.
h) Umístěte horní poloviny bochánků na zeleninu, abyste dokončili hamburgery.
i) Okamžitě podávejte a užívejte!

32. Sendviče s fíky a prosciuttem

SLOŽENÍ:
- 1 Bochník rozmarýnové focaccia
- 3 Obr. nakrájíme na tenká kolečka
- 1 plátek Prosciutto
- 1 hrst omyté rukoly
- Olivový olej
- Čerstvě mletý černý pepř; ochutnat

INSTRUKCE:
a) Svisle nakrájejte 4 kusy focaccie na tenké plátky.
b) Na jeden kus focaccie položte vrstvu fíků.
c) Přidejte plátek prosciutta a hrst rukoly.
d) Rukolu pokapeme olivovým olejem. Dochuťte pepřem podle chuti.
e) Pevně zatlačte na sendvič, aby se vyrovnal. Rozpůlit.

33. Fík, prosciutto a sendvič s rukolou

SLOŽENÍ:
- Ciabatta chléb nebo váš oblíbený sendvičový chléb
- Čerstvé fíky, nakrájené na plátky
- Prosciutto nakrájené na tenké plátky
- Čerstvé listy rukoly
- Balzamiková glazura
- Olivový olej
- Sůl a pepř

INSTRUKCE:
a) Chléb ciabatta nakrájejte vodorovně a podle potřeby lehce opečte.
b) Spodní polovinu chleba pokapejte olivovým olejem a položte na něj nakrájené fíky.
c) Na fíky navrstvěte plátky prosciutta a poté hrst čerstvých lístků rukoly.
d) Rukolu pokapeme balzamikovou polevou a dochutíme solí a pepřem podle chuti.
e) Položte horní polovinu chleba na náplně, abyste vytvořili sendvič.
f) Sendvič nakrájejte na jednotlivé porce a ihned podávejte.

34. Grilovaný Fík, Kozí Sýr A Medový Zábal

SLOŽENÍ:
- Moučné tortilly nebo zábaly
- Čerstvé fíky, rozpůlené
- Kozí sýr
- Miláček
- Listy čerstvého tymiánu
- Olivový olej

INSTRUKCE:
a) Předehřejte gril nebo grilovací pánev na střední teplotu.
b) Rozpůlené fíky potřeme olivovým olejem a položíme na gril řeznou stranou dolů. Grilujte 2–3 minuty, dokud nezměkne a neobjeví se stopy grilování.
c) Ohřejte moučné tortilly nebo wrapy podle návodu na obalu.
d) Na každou tortillu potřete vrstvu kozího sýra.
e) Na kozí sýr položte grilované fíky.
f) Fíky pokapeme medem a posypeme lístky čerstvého tymiánu.
g) Tortilly srolujte a vytvořte obaly.
h) Zábaly rozkrojte napůl a podávejte teplé nebo při pokojové teplotě.

35.Fík, Turecko a Brie Panini

SLOŽENÍ:
- Plátky kváskového chleba
- Čerstvé fíky, nakrájené na plátky
- Krůtí prsa nakrájená na plátky
- Sýr Brie, nakrájený na plátky
- Máslo nebo olivový olej
- Dijonská hořčice (volitelné)

INSTRUKCE:
a) Zahřejte lis na panini nebo grilovací pánev na střední teplotu.
b) Namažte jednu stranu každého kváskového plátku chleba nebo potřete olivovým olejem.
c) Položte krajíc chleba namazanou stranou dolů na pracovní plochu.
d) Pokud chcete, namažte chléb dijonskou hořčicí.
e) Na chléb navrstvěte nakrájené krůtí maso, nakrájené fíky a nakrájený sýr Brie.
f) Navrch dejte další krajíc chleba namazanou stranou nahoru.
g) Sendvič vložte do lisu na panini nebo grilovací pánve a vařte dozlatova a sýra se rozpustí.
h) Sundejte z ohně, nakrájejte panini na poloviny a podávejte horké.

36. Fig A Brie Turecko Burger

SLOŽENÍ:
- Krůta mletá
- Čerstvé fíky, nakrájené na plátky
- Sýr Brie, nakrájený na plátky
- Burgerové housky
- Baby špenátové listy
- Červená cibule, nakrájená na tenké plátky
- dijonská hořčice
- Olivový olej
- Sůl a pepř

INSTRUKCE:
a) Mleté krůtí maso osolte a opepřete a vytvarujte burgerové placičky.
b) Na pánvi na středním plameni rozehřejte olivový olej.
c) Krůtí placičky opékejte asi 4–5 minut z každé strany, nebo dokud nebudou propečené.
d) Housky burgeru zlehka opečte v toustovači nebo na grilu.
e) Spodní poloviny bochánků potřeme dijonskou hořčicí.
f) Na housky potřené hořčicí položíme uvařené krůtí placičky.
g) Navrch každou placičku položte nakrájené fíky a sýr brie.
h) Přidejte hrst lístků baby špenátu a na tenké plátky nakrájenou červenou cibuli.
i) Na hamburgery položte horní poloviny bochánků.
j) Podávejte teplé a užívejte si!

37. Fík, Prosciutto, A Kozí Sýr Flat Bread

SLOŽENÍ:
- Flatbread nebo naan chléb
- Čerstvé fíky, nakrájené na plátky
- Prosciutto nakrájené na tenké plátky
- Kozí sýr
- Balzamiková glazura
- Listy čerstvé bazalky
- Olivový olej

INSTRUKCE:

a) Předehřejte troubu na 375 °F (190 °C).
b) Umístěte mazanec nebo chléb naan na plech.
c) Na mazanec rovnoměrně rozprostřete kozí sýr.
d) Nakrájené fíky a prosciutto položte na kozí sýr.
e) Pokapeme balzamikovou polevou a kápneme olivovým olejem.
f) Pečte v předehřáté troubě 10–12 minut, nebo dokud nebude mazanec křupavý a polevy prohřáté.
g) Vyjměte z trouby, posypte lístky čerstvé bazalky a nakrájejte na měsíčky. Podávejte teplé.

38. Fík, šunka a švýcarský sýr Panini s fíkovou marmeládou

SLOŽENÍ:
- Plátky kváskového chleba
- Fíkový džem
- Šunka nakrájená na tenké plátky
- Plátkový švýcarský sýr
- Máslo

INSTRUKCE:
a) Každý plátek kváskového chleba potřete z jedné strany fíkovou marmeládou.
b) Na fíkovou marmeládu navrstvíme na tenké plátky nakrájenou šunku a nakrájený švýcarský sýr.
c) Navrch dejte další plátek kváskového chleba a vytvořte sendvič.
d) Vnější strany sendviče namažte máslem.
e) Zahřejte lis na panini nebo grilovací pánev na střední teplotu.
f) Sendvič vložte do lisu na panini nebo grilovací pánve a vařte, dokud chléb nezezlátne a sýr se nerozpustí.
g) Sundejte z ohně, nakrájejte panini na poloviny a podávejte horké.

39. Fík, Slanina A Gouda Zábal S Cibulí

SLOŽENÍ:
- Moučné tortilly nebo zábaly
- Čerstvé fíky, nakrájené na plátky
- Vařené plátky slaniny
- Nakrájený sýr Gouda
- Karamelizovaná cibule
- Listy rukoly

INSTRUKCE:
a) Ohřejte moučné tortilly nebo wrapy podle návodu na obalu.
b) Na každou tortillu navrstvěte nakrájené fíky, uvařenou slaninu, nakrájený sýr Gouda, karamelizovanou cibuli a listy rukoly.
c) Tortilly srolujte a vytvořte obaly.
d) Zábaly rozkrojte napůl a ihned podávejte.

40. Fík A Modrý Sýr Burger

SLOŽENÍ:
- Mleté hovězí maso nebo protein podle vašeho výběru (například krůtí nebo rostlinný)
- Čerstvé fíky, nakrájené na plátky
- Modrý sýr, rozdrobený
- Burgerové housky
- Rukola nebo smíšená zelenina
- Balzamiková glazura
- Sůl a pepř

INSTRUKCE:
a) Z mletého hovězího masa vytvarujte karbanátky a dochuťte solí a pepřem.
b) Placičky grilujte nebo vařte na požadovanou úroveň propečenosti.
c) Housky burgeru zlehka opečte na grilu nebo v toustovači.
d) Burgery sestavte tak, že uvařené placičky položíte na spodní poloviny housky.
e) Na každou placičku položte nakrájené fíky a rozdrobenou nivu.
f) Polevy pokapeme balzamikovou polevou.
g) Navrch přidejte hrst rukoly nebo míchanou zeleninu.
h) Umístěte horní poloviny bochánků na zeleninu, abyste dokončili hamburgery.
i) Okamžitě podávejte a užívejte!

HLAVNÍ CHOD

41. Fíky a Gorgonzola plněná vepřová panenka

SLOŽENÍ:
- 1 vepřová panenka (asi 1 lb)
- 6-8 čerstvých fíků, odstopkovaných a nakrájených na plátky
- 1/2 šálku rozdrobeného sýra Gorgonzola
- 2 lžíce balzamikového octa
- 1 lžíce olivového oleje
- Sůl a pepř na dochucení

INSTRUKCE:
a) Předehřejte troubu na 375 °F (190 °C).
b) Vepřovou panenku rozřízněte podélným podélným řezem uprostřed, aniž byste prořízli celou cestu.
c) Vepřovou panenku naplocho otevřete a posypte solí a pepřem.
d) Na vepřové maso navrstvěte nakrájené fíky a rozdrobený sýr Gorgonzola.
e) Vepřovou panenku srolujte a zajistěte kuchyňským provázkem v rozestupech 1 palce.
f) V malé misce prošlehejte balzamikový ocet a olivový olej.
g) Vepřovou panenku potřeme balzamikovou směsí.
h) Vepřovou panenku vložte do zapékací mísy a pečte v předehřáté troubě 25-30 minut, nebo dokud vnitřní teplota nedosáhne 145°F (63°C).
i) Před krájením nechte vepřové maso 5 minut odpočinout. Podávejte s dalšími fíky a podle potřeby zakápněte balzamikovou polevou.

42. Fíky A Prosciutto Plněné žampiony Portobello

SLOŽENÍ:
- 4 velké žampiony portobello, stopky odstraněné
- 6-8 čerstvých fíků, odstopkovaných a nakrájených na kostičky
- 4 plátky prosciutta, nakrájené
- 1/2 šálku rozdrobeného kozího sýra
- 2 lžíce balzamikové glazury
- 2 lžíce olivového oleje
- Sůl a pepř na dochucení

INSTRUKCE:
a) Předehřejte troubu na 375 °F (190 °C).
b) Houby portobello položte na plech vyložený pečicím papírem.
c) V misce smíchejte na kostičky nakrájené fíky, nasekaný prosciutto a nadrobený kozí sýr. Dochuťte solí a pepřem.
d) Lžící fíkovou směs vmíchejte do kloboučků hub, rovnoměrně rozdělte.
e) Houby pokapejte balzamikovou polevou a olivovým olejem.
f) Pečte v předehřáté troubě 20–25 minut, nebo dokud houby nezměknou a náplň se neprohřeje.
g) Podávejte horké, podle potřeby ozdobené čerstvými bylinkami. Vychutnejte si tyto chutné a elegantní plněné houby jako hlavní jídlo nebo předkrm.

43. Fíky A Ořechy Plněné Kuřecí Prsa

SLOŽENÍ:
- 4 kuřecí prsa bez kostí a kůže
- 6-8 čerstvých fíků, odstopkovaných a nakrájených na kostičky
- 1/2 šálku nasekaných vlašských ořechů
- 1/4 šálku rozdrobeného sýra feta
- 2 lžíce medu
- 1 lžíce balzamikového octa
- Sůl a pepř na dochucení

INSTRUKCE:
a) Předehřejte troubu na 375 °F (190 °C).
b) V misce smíchejte na kostičky nakrájené fíky, nasekané vlašské ořechy, rozdrobený sýr feta, med, balzamikový ocet, sůl a pepř.
c) Do každého kuřecího prsíčka vyřízněte kapsu.
d) Každé kuřecí prso naplňte fíkovou směsí.
e) Vnější stranu kuřecích prsíček osolíme a opepříme.
f) Naplněná kuřecí prsa vložíme do zapékací mísy.
g) Pečte 25–30 minut, nebo dokud není kuře propečené.
h) Podávejte horké, podle potřeby ozdobené medem a vlašskými ořechy.

44. Fíky a ricottou plněné těstovinové skořápky

SLOŽENÍ:

- 16 velkých skořápek těstovin, uvařených podle návodu na obalu
- 6-8 čerstvých fíků, odstopkovaných a nakrájených na kostičky
- 1 šálek sýra ricotta
- 1/2 šálku strouhaného sýra mozzarella
- 1/4 šálku strouhaného parmazánu
- 1 vejce
- Sůl a pepř na dochucení
- Marinara omáčka k podávání

INSTRUKCE:

a) Předehřejte troubu na 375 °F (190 °C).
b) V misce smíchejte na kostičky nakrájené fíky, sýr ricottu, mozzarellu, parmazán, vejce, sůl a pepř.
c) Naplňte každou skořápku uvařených těstovin směsí fíků a sýra.
d) Naplněné skořápky vložte do zapékací mísy.
e) Pečte 20–25 minut, nebo dokud se nezahřeje a sýr nezměkne.
f) Podávejte horké s omáčkou marinara pokapané přes povrch.

45. Fík A Ořechový Salát S Grilovaným Lososem

SLOŽENÍ:
- 4 filety z lososa
- Sůl a pepř na dochucení
- Olivový olej
- 6–8 čerstvých fíků odstopkovaných a nakrájených na čtvrtky
- 1/2 šálku vlašských ořechů, nasekaných a opečených
- Míchaný zeleninový salát
- Balsamico vinaigrette dresink

INSTRUKCE:
a) Filety lososa osolte, opepřete a poté zakápněte olivovým olejem.
b) Filety z lososa grilujte na středně vysokém ohni, dokud nejsou uvařené, asi 4–5 minut na každé straně.
c) Ve velké míse smíchejte míchaný salát, fíky nakrájené na čtvrtky a opražené vlašské ořechy.
d) Pokapejte dresinkem z balsamico vinaigrette a jemně promíchejte, abyste obalili.
e) Grilovaného lososa podávejte na salát z fíků a vlašských ořechů.

PIZZA A PIZZETY

46. Fík, cibule a mikrozelená Pizzety

SLOŽENÍ:
PLOCHÉ TĚSTO
- 300 g Samokypřící mouka Něco navíc na podsypání
- 2 špetky soli
- 300 g kokosového jogurtu
- 1 lžička prášku do pečiva
- 3 polévkové lžíce Olivový olej

KARAMELIZOVANÁ CIBULE
- 600 g Červená cibule nakrájená na plátky
- 1 polévková lžíce Olivový olej
- ¼ lžičky soli
- 1 polévková lžíce balzamikového octa
- 2 lžičky javorového sirupu

PLEVA
- 150 g cherry rajčat Půl
- 8 Fíky Nakrájené
- 100 g sýra Feta
- 150 g Pikantní mix microgreens

INSTRUKCE:

KARAMELIZOVANÁ CIBULE
a) Na pánvi rozehřejte olej a poté 15 minut smažte cibuli.
b) Dochutíme solí.
c) Přidejte ocet a javorový sirup; vaříme dalších 5 minut.

PLOCHÉ TĚSTO
d) Předehřejte troubu na 180c
e) V míse smícháme všechny suché ingredience na těsto a poté vmícháme jogurt.
f) Povrch poprašte moukou a poté 8 minut jemně hněťte.
g) Těsto nechte 10 minut odpočívat.
h) Těsto rozdělte na 8 kuliček a poté kousek těsta vyválejte do kruhu.
i) Rozehřejte 1 lžičku olivového oleje a vyválené těsto vložte do pánve a opékejte z každé strany 2 minuty.

PLEVA
j) Na mazanec dáme karamelizovanou cibuli a dobře rozetřeme.
k) Posypte je 50 g bezmléčné feta drobenky, půlkami cherry rajčat a plátky fíků a poté je pečte v předehřáté troubě 7 minut.
l) Vyndejte misku z trouby, poklaďte na ni svazkem rozmixovaných mikrozelenin, rozdrobte zbývající sýr feta a dochuťte velkým množstvím čerstvě mletého pepře.
m) Užívat si!

47. Fíky A Pancetta Pizza

SLOŽENÍ:
- těsto na pizzu
- Olivový olej
- 6-8 čerstvých fíků, odstopkovaných a nakrájených na plátky
- 4 unce pancetty, nakrájené na tenké plátky
- 1 hrnek strouhaného sýra mozzarella
- 1/4 šálku rozdrobeného modrého sýra
- Balzamiková glazura
- Rukola (volitelné)

INSTRUKCE:
a) Předehřejte troubu na nejvyšší stupeň teploty.
b) Těsto na pizzu rozválíme na pomoučené ploše a přeneseme na plech nebo pizza kámen.
c) Těsto pokapejte olivovým olejem.
d) Na těsto rovnoměrně rozprostřete nastrouhaný sýr mozzarella.
e) Na sýr položte nakrájené fíky a pancettu.
f) Navrch posypeme rozdrobenou nivou.
g) Pečeme v předehřáté troubě, dokud kůrka nezezlátne a sýr se nerozpustí.
h) Vyjměte z trouby a pizzu pokapejte balzamikovou polevou.
i) Před podáváním případně posypte čerstvou rukolou.

48. Pizza s fíky a prosciuttem

SLOŽENÍ:
- 2 kola fíky Těsto na pizzu
- kukuřičná mouka; na kropení
- 2 lžičky Olivový olej
- ½ lžičky Drcený česnek
- 2 špetky hrubé soli
- 2 špetky čerstvě mletého černého pepře
- 1 lžička Nakrájené listy čerstvého rozmarýnu
- ½ šálku Fíkový džem;
- 4 unce sýra Gorgonzola; rozpadl se do
- Kousky velikosti hrášku
- 3 unce Prosciutto nakrájené na tenké plátky
- 1 jarní cibulka; na tenké plátky Podélně

INSTRUKCE:
a) Hodinu před vařením vložte do trouby pečicí kámen a zahřejte na 500 stupňů.
b) Jedno těsto na pizzu rozválejte co nejtenčí. Položte na pizzu posypanou kukuřičnou moukou.
c) Povrch pokryjte 1 lžičkou oleje, ¼ lžičky mletého česneku, 1 špetkou soli a pepře a ½ lžičky nasekaného rozmarýnu.
d) Nezapomeňte ponechat nezakrytý, 1 palec široký vnější ret po celém obvodu. Na pizzu rovnoměrně naneste ¼ šálku fíkového džemu a 2 unce sýra Gorgonzola.
e) Navrch dejte polovinu prosciutta.
f) Lehce zatřeste lopatkou a nasuňte pizzu na pečicí kámen. Pečte do zhnědnutí, asi 6 až 7 minut.
g) Přeneste na pevný povrch a nakrájejte na plátky. Ihned podáváme, ozdobené polovinou nakrájené jarní cibulky.
h) Opakujte se zbývajícím těstem.

49. Fík a čekanková pizza

SLOŽENÍ:
- 3 sušené fíky Mission
- ½ šálku suchého červeného vína
- 2 lžíce kousků syrových vlašských ořechů
- Univerzální mouka
- 6 uncí koule nehnětené těsto na pizzu
- 2 lžíce extra panenského olivového oleje
- ½ hlavy čekanky, nakrájené
- 2 unce veganského sýra, nakrájeného na kousky

INSTRUKCE:
a) Předehřejte brojler pomocí stojanu 5 palců od prvku nebo plamene. Pokud na pizzu používáte litinovou pánev nebo pánev, nastavte ji na středně vysokou teplotu, dokud se nezačne kouřit, asi 15 minut.
b) Přeneste pánev nebo pánev na brojler.
c) Fíky dejte na pánev na mírný oheň, zalijte vínem a přiveďte k varu. Vypněte oheň a nechte fíky nasáknout alespoň 30 minut. Sceďte a poté nakrájejte na ½ palcové kousky.
d) Kousky vlašských ořechů opékejte na suché pánvi na středně vysoké teplotě po dobu 3 až 4 minut. Přendejte na talíř, nechte vychladnout a poté nakrájejte nahrubo.
e) Pro tvarování těsta poprašte pracovní plochu moukou a položte na ni kouli těsta.
f) Přisypeme mouku a několikrát prohněteme, dokud se těsto nespojí.
g) Vytvarujte jej do 8palcového kulatého tvaru tak, že jej zatlačíte od středu ven směrem k okrajům a ponecháte okraj o 1 palec silnější než ostatní.
h) Otevřete dvířka trouby a rychle vysuňte rošt s pečící plochou na něm. Těsto seberte a rychle jej přeneste na varnou plochu, dávejte pozor, abyste se nedotkli povrchu.
i) Těsto pokapejte 1 lžící oleje, navrch posypte kousky vlašského ořechu, pak čekanku, pak nasekané fíky a nakonec sýr.

j) Zasuňte rošt zpět do trouby a zavřete dvířka. Grilujte pizzu, dokud se kůrka kolem okrajů nenafoukne, pizza místy zčerná a sýr se 3 až 4 minuty rozpustí.
k) Pizzu odstraňte dřevěnou nebo kovovou slupkou nebo čtvercem kartonu, přendejte ji na prkénko a nechte několik minut odpočinout.
l) Navrch pokapejte zbylou 1 lžící oleje, pizzu nakrájejte na čtvrtky, přendejte na talíř a snězte.

50. Pizza s karamelizovanými fíky a kozím sýrem

SLOŽENÍ:
- 1 celozrnná tenká pizza kůrka
- 1 lžíce extra panenského olivového oleje
- Sůl a pepř na dochucení
- 8 zelených nebo černých miskových fíků
- ⅓ šálku hnědého cukru
- 1 ½ lžíce balzamikového octa
- 1 polévková lžíce čerstvě vymačkané citronové šťávy
- 1 ⅓ šálku strouhaného ostrého sýra čedar
- 1 ¼ šálku dětské rukoly
- 4 středně velké jahody, nakrájené na polovinu
- ¼ šálku rozdrobeného kozího sýra
- ¼ šálku rozdrobeného sýra feta

INSTRUKCE:
a) Předehřejte troubu na 400 °F (200 °C).
b) Korpus pizzy pokapejte olivovým olejem a dochuťte solí a pepřem podle chuti.
c) Kůru pečte asi 6-8 minut.
d) Zatímco se kůrka peče, nakrájejte fíky na třetiny a plátky namáčejte v hnědém cukru, aby byly dobře obalené.
e) Naskládejte plátky fíků na velkou rozpálenou nepřilnavou pánev. Fíky vařte na středním plameni asi 3 minuty, dokud nezačnou karamelizovat.
f) Fíky otočte, přidejte balzamikový ocet a citronovou šťávu a pokračujte ve vaření další 3–4 minuty. Dejte je stranou.
g) Jakmile je krusta na pizzu z trouby, posypte ji strouhaným sýrem.
h) Kůru položte baby rukolou, karamelizovanými fíky, jahodami, fetou a kozím sýrem. Pro extra chuť znovu dochuťte solí a pepřem.
i) Pečte při 200 °C asi 7 minut, dokud se sýry nerozpustí a rukola nezačne vadnout.

51.Sýr A Fík Calzones

SLOŽENÍ:
- 1 balíček aktivního sušeného droždí
- Špetka cukru
- Extra panenský olivový olej
- 1 lžička soli
- ¼ lžičky čerstvě mletého černého pepře
- Asi 3 hrnky mouky
- 3 lžíce grappy
- 8 sušených fíků, odstopkovaných a nakrájených na tenké plátky
- 8 uncí Cantal, fontina Val d'Aosta nebo sýr Gruyère, nakrájený na plátky
- 1 lžíce listů rozmarýnu
- 1 vejce, rozšlehané

INSTRUKCE:

a) Ve velké míse smíchejte droždí s ¼ šálku vlažné vody a cukrem; nechte 5 minut sedět. Vmíchejte ¾ šálku vlažné vody, 1 lžíci olivového oleje a sůl a pepř.
b) Vmíchejte 2 šálky mouky, jeden šálek najednou. Pomalu přidávejte asi ½ šálku další mouky, dokud nevznikne měkké, lehce lepivé těsto.
c) Těsto hněteme na lehce pomoučněné ploše 10 minut a přidávejte co nejméně mouky, aby se těsto nelepilo. Necháme lehce zakryté 30 minut odpočinout.
d) Těsto rozdělíme na čtvrtiny, vytvarujeme z nich kuličky, které potřeme olivovým olejem a dáme na plech. Volně přikryjte utěrkou a dejte na chladné místo kynout, dokud se asi 2 hodiny nezdvojnásobí.
e) V hrnci dusíme grappu a fíky, dokud se grappa neodpaří.
f) Předehřejte troubu na 450 stupňů Fahrenheita. Potřete olejem 2 plechy vyložené alobalem. Těsto vyválejte do 8palcových kruhů. Rozdělte fíky mezi kruhy a vycentrujte je na jedné straně.
g) Navrch dáme sýr a rozmarýn. Těsto přehneme, okraje potřeme vodou, zmáčkneme, aby se uzavřelo, a potřeme rozšlehaným vejcem.
h) Pečte 10 minut; snižte teplotu trouby na 350 stupňů Fahrenheita a pečte do zhnědnutí dalších 10 až 15 minut.
i) Vychutnejte si lahodný horský sýr a fíkové Calzones!

52. Fíky, rukola a prosciutto Pizza

SLOŽENÍ:
- těsto na pizzu
- 2 lžíce olivového oleje
- 6-8 čerstvých fíků, nakrájených na plátky
- 4 plátky prosciutta, nakrájené na tenké plátky
- 1 šálek sýra mozzarella, nastrouhaný
- 1 šálek rukoly
- Balzamiková glazura, k pokapání

INSTRUKCE:
a) Předehřejte troubu na nejvyšší stupeň teploty.
b) Těsto na pizzu rozválíme na pomoučené ploše a přeneseme na plech nebo pizza kámen.
c) Těsto pokapejte 1 lžící olivového oleje.
d) Na těsto rovnoměrně navrstvíme mozzarellu.
e) Na sýr položte nakrájené fíky a prosciutto.
f) Pečeme v předehřáté troubě, dokud kůrka nezezlátne a sýr se nerozpustí.
g) Vyndejte z trouby a navrch dejte čerstvou rukolu.
h) Před podáváním pizzu pokapejte balzamikovou polevou.

53. Fíky, Modrý Sýr A Ořechové Pizzety

SLOŽENÍ:
- Těsto na pizzu
- 6-8 čerstvých fíků nakrájených na čtvrtky
- 1/2 šálku modrého sýra, rozdrobený
- 1/4 šálku vlašských ořechů, nasekaných
- Zlato, na mrholení

INSTRUKCE:
a) Předehřejte troubu na 400 °F (200 °C).
b) Těsto na pizzu rozválíme a nakrájíme na malá kolečka.
c) Kolečka těsta dejte na plech vyložený pečicím papírem.
d) Každé kolo poklaďte rozdrobeným modrým sýrem, nakrájenými fíky a nasekanými vlašskými ořechy.
e) Vršek každé pizzy pokapejte medem.
f) Pečte v předehřáté troubě asi 10-12 minut, nebo dokud okraje nejsou zlatavě hnědé a sýr bublinkový.
g) Vyjměte z trouby a před podáváním nechte mírně vychladnout.

54.Fík, Ricotta A Medový chléb

SLOŽENÍ:
- Flatbread nebo naan chléb
- 6-8 čerstvých fíků, nakrájených na plátky
- 1 šálek sýra ricotta
- Zlato, na mrholení
- Listy čerstvého tymiánu

INSTRUKCE:
a) Předehřejte troubu na 400 °F (200 °C).
b) Umístěte mazanec nebo chléb naan na plech.
c) Na chlebíček rovnoměrně rozprostřete 1/2 šálku sýra ricotta.
d) Na ricottu položte nakrájené fíky.
e) Fíky pokapejte medem.
f) Na mazanec posypeme lístky čerstvého tymiánu.
g) Pečeme v předehřáté troubě asi 8-10 minut, nebo dokud okraje nezkřupnou a sýr se neprohřeje.
h) Vyjměte z trouby a před krájením a podáváním nechte mírně vychladnout. Užívat si!

SALÁTY

55. Salát z pomerančů a fíků

SLOŽENÍ:
- 3 pomeranče, oloupané a nakrájené
- 1/2 šálku nahrubo nasekaných čerstvých nebo sušených fíků
- 1/2 šálku nasekaných vlašských ořechů
- 3 lžíce slazeného strouhaného kokosu
- 1 lžíce čerstvé citronové šťávy
- 1 lžička cukru
- 2 lžíce slazených sušených třešní

INSTRUKCE:
a) V misce smíchejte pomeranče, fíky a vlašské ořechy. Přidejte kokos, citronovou šťávu a cukr.
b) Jemně promíchejte, aby se spojily.
c) Posypte třešněmi a podávejte.

56. Grilovaný salát s fíky a halloumi

SLOŽENÍ:
- 6 zralých fíků, rozpůlených
- 8 uncí sýru halloumi, nakrájeného na plátky
- 4 šálky smíšené zeleniny
- ¼ šálku nasekané čerstvé petrželky
- ¼ šálku nasekaných vlašských ořechů
- 2 lžíce medu
- 2 lžíce olivového oleje
- 2 lžíce červeného vinného octa
- Sůl a černý pepř

INSTRUKCE:
a) Předehřejte gril na středně vysokou teplotu.
b) Půlky fíků a plátky halloumi potřete olivovým olejem a dochuťte solí a černým pepřem.
c) Fíky a halloumi grilujte 2–3 minuty z každé strany nebo dokud lehce nezhnědnou.
d) Sundejte z grilu a nechte vychladnout.
e) Ve velké misce kombinujte smíšenou zeleninu, nasekanou petržel, nasekané vlašské ořechy, grilované fíky a grilované halloumi.

57. Fík, šunka A Nektarinkový Salát Ve Vinném Sirupu

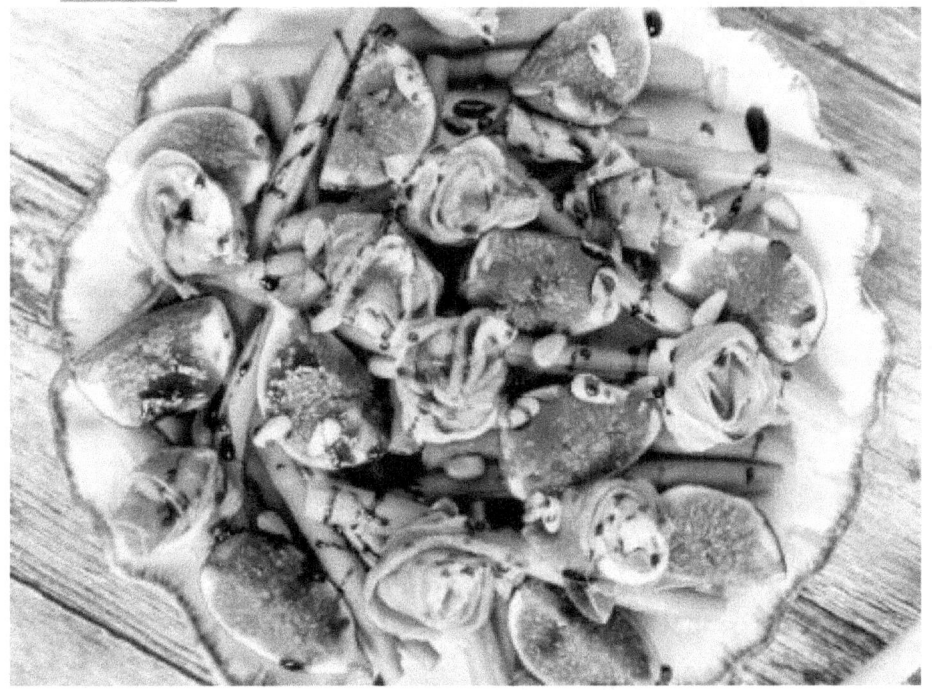

SLOŽENÍ:
- ½ šálku suchého bílého vína
- ½ šálku vody
- ¼ šálku cukru
- 2 pinty Čerstvé zelené a/nebo fialové fíky; pramenil
- 2 velké pevné zralé nektarinky
- ¼-libra) kousek šunky nebo prosciutta nakrájený na proužky
- Snítky máty a/nebo čerstvé hroznové listy na ozdobu

INSTRUKCE:
a) V malém hrnci vařte víno a vodu s cukrem, dokud se cukr nerozpustí, asi 3 minuty, a pánev sejměte z ohně. Vinný sirup mírně vychladíme a vychladíme. Vinný sirup může být vyroben 1 týden předem a chlazený, zakrytý.
b) Fíky rozpůlíme a nektarinky nakrájíme na tenké měsíčky. V misce jemně přihoďte ovoce se šunkou nebo prosciuttem a polovinou vinného sirupu.
c) Salát urovnáme na talíř a zalijeme zbylým vinným sirupem.
d) Salát ozdobte mátou a/nebo hroznovými listy.

58. Fík A Farro Salát S Kuřetem

SLOŽENÍ:
1 šálek farro, vařené podle návodu na obalu
6–8 čerstvých fíků odstopkovaných a nakrájených na čtvrtky
2 šálky vařených kuřecích prsou, nakrájených nebo nakrájených na kostičky
1/4 šálku nakrájených mandlí, opečených
1/4 šálku rozdrobeného sýra feta
2 lžíce nasekané čerstvé petrželky
Balsamico vinaigrette dresink
Sůl a pepř na dochucení

INSTRUKCE:
Ve velké míse smíchejte vařené farro, na čtvrtky nakrájené fíky, vařená kuřecí prsa, plátky mandlí, rozdrobený sýr feta a nasekanou čerstvou petrželku.
Pokapejte dresinkem z balsamico vinaigrette a jemně promíchejte, abyste obalili.
Dochuťte solí a pepřem podle chuti.
Podávejte vychlazené nebo při pokojové teplotě jako vydatný a chutný salát hlavního jídla.

59. Fík & Krůtí Salát S Kari Dresinkem

SLOŽENÍ:
NA DRESEK:
- ⅔ šálku rostlinného oleje
- ⅓ šálku jablečného octa
- 1 lžička kari
- 1 lžička ochucené soli
- ½ lžičky worcesterské omáčky
- ½ lžičky granulovaného cukru
- 1 šálek salátového dresinku bez tuku (nebo náhražky)

NA SALÁT:
- 1 litr Mesclun (nebo 10 uncí, suchá míra)
- 3 šálky Vařené maso z krůtích prsou, nakrájené nebo nakrájené
- 1 šálek sušených fíků, nakrájených podélně na čtvrtky
- ⅔ šálku Celer nakrájený na tenké plátky
- ⅓ šálku loupaných mandlí, pražených (nebo více)
- 3 lžíce nakrájené zelené cibule
- 1 ½ šálku nakrájeného neloupaného červeného jablka (1 velké)

INSTRUKCE:
NA DRESEK:
a) V nádobě s těsně přiléhajícím víčkem smíchejte rostlinný olej, jablečný ocet, kari, ochucenou sůl, worcesterskou omáčku a krystalový cukr.
b) Nádobu zakryjte a dobře protřepejte, aby se dresink prolnul. Před použitím znovu protřepejte.

NA SALÁT:
c) Ve velké salátové míse smíchejte mesclun, vařené krůtí maso, sušené fíky, na tenké plátky nakrájený celer, opečené nakrájené mandle a nakrájenou zelenou cibulku. Tuto směs uchovávejte v chladu.
d) Těsně před podáváním přidejte nakrájené červené jablko a připravený dresink.
e) Salát jemně promíchejte, dokud se všechny ingredience důkladně nepromíchají.
f) Salát podávejte v jednotlivých salátových miskách nebo velkou mísu předejte u stolu.
g) Užijte si svůj lahodný fíkový a krůtí salát s kari dresinkem!

60. Melounový salát s fíky

SLOŽENÍ:
- 1 ½ šálku obyčejného odtučněného nebo nízkotučného jogurtu
- 2 lžíce medu
- 1 lžíce čerstvé limetkové šťávy
- 8 Čerstvé fíky nakrájené na čtvrtky
- 1 malý medový meloun, oloupaný, zbavený semínek a nakrájený na plátky
- 4 lžičky nasekaných lístků čerstvé máty
- ¼ šálku nasekaných vlašských nebo pekanových ořechů

INSTRUKCE:
a) V misce smíchejte obyčejný odtučněný nebo nízkotučný jogurt, med a čerstvou limetkovou šťávu. Dobře promíchejte. Mísu zakryjte a jogurtový dresink ochlaďte, dokud nebudete připraveni podávat.
b) Do středu 4 talířů položte do kruhu 8 fíků nakrájených na čtvrtky.
c) Kolem fíků naaranžujte kousky medového melounu velikosti sousta.
d) Těsně před podáváním nalijte na ovoce připravený jogurtový dresink a rovnoměrně jej pokapejte.
e) Salát posypte nasekanými lístky čerstvé máty a nasekanými vlašskými nebo pekanovými ořechy.
f) Užijte si osvěžující melounový salát s fíky!

61. Fík, Kozí Sýr A Ořechový Salát

SLOŽENÍ:
- 4 šálky míchaného zeleného salátu (jako je rukola, špenát nebo míchaná zelenina)
- 6-8 čerstvých fíků, nakrájených na plátky
- 1/2 šálku rozdrobeného kozího sýra
- 1/4 šálku vlašských ořechů, nasekaných
- Balsamico vinaigrette dresink

INSTRUKCE:
a) Ve velké salátové míse smíchejte smíšené zelené.
b) Nakrájené fíky položte na zelí.
c) Salát posypeme rozdrobeným kozím sýrem a nasekanými vlašskými ořechy.
d) Podle chuti pokapejte dresinkem z balsamico vinaigrette.
e) Jemně promíchejte, aby se spojily a ihned podávejte.

62. Fík, prosciutto a rukolový salát

SLOŽENÍ:
- 4 šálky dětské rukoly
- 6-8 čerstvých fíků nakrájených na čtvrtky
- 4 plátky prosciutta, natrhané na kousky velikosti sousta
- 1/4 šálku strouhaného parmazánu
- Citronový vinaigrette dresink

INSTRUKCE:
a) Do velké salátové mísy přidejte dětskou rukolu.
b) Rozčtvrcené fíky a natrhaný prosciutto nasypte na rukolu.
c) Navrch posypeme nastrouhaným parmazánem.
d) Pokapejte dresinkem z citronového vinaigrette.
e) Jemně promícháme, aby se vše rovnoměrně obalilo a ihned podáváme.

63. Fík, Quinoa A Cizrnový Salát

SLOŽENÍ:
- 1 šálek vařené quinoa, vychladlé
- 6-8 čerstvých fíků, nakrájených
- 1 plechovka (15 uncí) cizrny, okapaná a propláchnutá
- 1/4 šálku nasekané čerstvé petrželky
- 1/4 šálku rozdrobeného sýra feta
- Citronovo bylinkový dresink

INSTRUKCE:
a) Ve velké salátové míse smíchejte uvařenou quinou, nakrájené fíky, cizrnu a nasekanou petrželku.
b) Salát posypeme rozdrobeným sýrem feta.
c) Podle chuti pokapeme citronovým bylinkovým dresinkem.
d) Jemně promíchejte, aby se všechny ingredience rovnoměrně spojily.
e) Ihned podávejte nebo před podáváním vychlaďte v lednici, aby se chutě spojily.

64.Fík, Prosciutto a Mozzarella Caprese Salát

SLOŽENÍ:
- 4 zralá rajčata, nakrájená na plátky
- 6-8 čerstvých fíků, nakrájených na plátky
- 8 plátků prosciutta
- 8 oz čerstvého sýra mozzarella, nakrájený na plátky
- Listy čerstvé bazalky
- Balzamiková glazura
- Olivový olej
- Sůl a pepř na dochucení

INSTRUKCE:
a) Střídejte plátky rajčat, plátky fíků, prosciutto a plátky sýra mozzarella na servírovací talíř.
b) Mezi vrstvy vložte lístky čerstvé bazalky.
c) Salát pokapejte olivovým olejem a balzamikovou polevou.
d) Dochuťte solí a pepřem podle chuti.
e) Ihned podávejte jako lahodný předkrm nebo lehké jídlo.

65. Fík, špenát a pekanový salát

SLOŽENÍ:
- 6 šálků listů baby špenátu
- 6-8 čerstvých fíků, nakrájených na plátky
- 1/2 šálku pekanových ořechů, opečených a nakrájených
- 1/4 šálku rozdrobeného modrého sýra (volitelně)
- 1/4 šálku sušených brusinek (volitelné)
- Javorový vinaigrette dresink

INSTRUKCE:
a) Ve velké salátové míse smíchejte listy baby špenátu, nakrájené fíky, opečené pekanové ořechy, rozdrobený modrý sýr a sušené brusinky.
b) Podle chuti pokapeme dresinkem z javorového vinaigrette.
c) Jemně promíchejte, aby se všechny ingredience rovnoměrně obalily.
d) Ihned podáváme jako osvěžující a chutný salát.

66.Fík, Avokádo A Krevetový Salát

SLOŽENÍ:
- 4 šálky míchaného zeleného salátu
- 6-8 čerstvých fíků nakrájených na čtvrtky
- 1 zralé avokádo, nakrájené na kostičky
- 1 lb vařené krevety, oloupané a zbavené
- 1/4 šálku nakrájených mandlí, opečených
- Citrusový vinaigrette dresink

INSTRUKCE:
a) Ve velké salátové míse smíchejte míchaný salát, fíky nakrájené na čtvrtky, nakrájené avokádo, vařené krevety a plátky mandlí.
b) Podle chuti zakapejte dresinkem z citrusového vinaigrette.
c) Jemně promíchejte, aby se všechny ingredience rovnoměrně spojily.
d) Ihned podávejte jako uspokojující a výživný salát.

67. Fík, Quinoa a Rukolový salát

SLOŽENÍ:
- 1 šálek vařené quinoa, vychladlé
- 6-8 čerstvých fíků, nakrájených na plátky
- 4 šálky dětské rukoly
- 1/4 šálku rozdrobeného kozího sýra
- 1/4 šálku pražených piniových oříšků
- Citronovo-medový dresink

INSTRUKCE:
a) Ve velké salátové míse smíchejte uvařenou quinou, nakrájené fíky, baby rukolu, rozdrobený kozí sýr a opečené piniové oříšky.
b) Podle chuti pokapeme citronovo-medovým dresinkem.
c) Jemně promíchejte, aby se všechny ingredience rovnoměrně obalily.
d) Okamžitě podávejte jako živý a chutný salát.

DEZERT

68. Limoncello Fíkový Dort S Ořechovou Kůrkou

SLOŽENÍ:
PRO KŮRU:
- 1 ½ šálku univerzální mouky
- ½ šálku vlašských ořechů, jemně nasekaných
- 1 lžíce čerstvého rozmarýnu, nasekaného najemno
- ½ šálku nesoleného másla, studeného a nakrájeného na kostky
- ¼ šálku krystalového cukru
- ¼ lžičky soli
- 2-3 lžíce ledové vody

K NÁPLNĚ:
- ½ šálku likéru Limoncello
- ¼ šálku krystalového cukru
- 2 lžíce kukuřičného škrobu
- ¼ lžičky soli
- ¼ šálku vody
- 1 lžička citronové kůry
- 12-15 čerstvých fíků, nakrájených na plátky

INSTRUKCE:
a) Předehřejte troubu na 375 °F (190 °C). Vymažte tukem na dortovou formu s odnímatelným dnem.
b) V kuchyňském robotu smíchejte univerzální mouku, nasekané vlašské ořechy, čerstvý rozmarýn, krystalový cukr a sůl. Pulsujte, dokud se dobře nespojí.
c) Do kuchyňského robotu přidejte studené máslo nakrájené na kostky a míchejte, dokud směs nebude připomínat hrubou strouhanku.
d) Postupně přidávejte ledovou vodu, po 1 lžíci, pulzujte, dokud se těsto nespojí.
e) Těsto přendáme na lehce pomoučněnou plochu a několikrát prohněteme, aby se spojilo.
f) Těsto rozválejte na kruh dostatečně velký, aby se do něj vešel plech.
g) Těsto vtlačte do připravené formy na koláč a dbejte na to, aby bylo rovnoměrně vtlačeno do dna a po stranách.

h) V hrnci smíchejte likér Limoncello, krystalový cukr, kukuřičný škrob, sůl, vodu a citronovou kůru.
i) Vařte na středním plameni za stálého míchání, dokud směs nezhoustne a nepřijde k varu.
j) Odstraňte z ohně a nechte směs mírně vychladnout.
k) Nakrájené fíky rozložte na připravenou krustu.
l) Nalijte mírně vychladlou směs Limoncello na fíky a ujistěte se, že jsou rovnoměrně pokryty.
m) Koláč pečte v předehřáté troubě 25–30 minut, nebo dokud není kůrka zlatavá a fíky měkké.
n) Vyjměte z trouby a před krájením nechte vychladnout.

69. Tvarohový koláč s mraženým fíkem

SLOŽENÍ:
- 1 šálek grahamových drobků
- 1 šálek plus 2 lžíce krystalového cukru
- 4 lžíce másla, rozpuštěného
- 2 šálky sýra ricotta, okapané
- 8 uncí smetanového sýra
- 1 lžíce kukuřičného škrobu
- 4 velká vejce
- 2 lžičky vanilkového extraktu
- Špetka soli
- ⅓ šálku fíkové marmelády

INSTRUKCE:

a) Zahřejte troubu na 340 °F (171 °C). Zabalte vnitřek 9palcové (23 cm) pružinové formy do hliníkové fólie. Nastříkejte nepřilnavým sprejem na vaření a odložte stranou.
b) V malé misce smíchejte drobky z grahamového sušenky, 2 lžíce cukru a máslo. Vtlačte na dno připravené pánve. Nechte 30 minut vychladit v lednici.
c) Do velké mísy přidejte sýr ricotta, smetanový sýr, zbývající 1 šálek cukru a kukuřičný škrob. Dobře promíchejte elektrickým mixérem při střední rychlosti. Přidávejte vejce jedno po druhém a po každém přidání šlehejte při nízké rychlosti. Přidejte vanilkový extrakt a sůl a šlehejte při nízké rychlosti, dokud se nezapracuje.
d) Vyjměte kůru z lednice. Nalijte těsto do kůry. Fíkový džem jemně vmíchejte do tvarohového koláče pro mramorovaný efekt. Umístěte pánev do větší pánve s horkou vodou tak, aby byla pružinová pánev do poloviny ponořená.
e) Pečte 55 minut až 1 hodinu. Dort by měl být ztuhlý, ale přesto se lehce pohupuje. Vyjměte z větší nádoby s vodou a ochlaďte na mřížce, dokud nedosáhne pokojové teploty.
f) Posuňte nůž na máslo kolem vnitřního okraje pánve, abyste oddělili tvarohový koláč od pánve, a poté uvolněte vnější část pánve. Chlaďte 1 hodinu a poté na 4 hodiny zmrazte. Před krájením a podáváním nechte 10 až 15 minut odležet při pokojové teplotě.
g) Skladování: Uchovávejte zabalené v plastové fólii v mrazáku po dobu až 1 měsíce.

70. Fíky se Zabaglione

SLOŽENÍ:
PRO ZABAGLIONE:
- 4 velké žloutky
- ½ šálku krystalového cukru
- ½ šálku sladkého dezertního vína
- 1 lžička vanilkového extraktu

PRO OBRÁZKY:
- 8 zralých fíků
- 1-2 lžíce medu, na pokapání (volitelně)
- lístky čerstvé máty na ozdobu (volitelně)

INSTRUKCE:
PRO ZABAGLIONE:
a) V žáruvzdorné míse ušlehejte žloutky a cukr, dokud se dobře nespojí a lehce zesvětlá.
b) Umístěte misku nad hrnec s vroucí vodou (dvojitý kotel). Ujistěte se, že se dno misky nedotýká vody.
c) Za stálého šlehání pomalu přilévejte sladké dezertní víno. Šlehejte, dokud směs nezhoustne a nezpění, což by mělo trvat asi 8–10 minut. Mělo by mít konzistenci pudinkové omáčky.
d) Sundejte zabaglione z plotny a vmíchejte vanilkový extrakt. Nechte vychladnout na pokojovou teplotu.

PRO OBRÁZKY:
e) Fíky jemně opláchněte a osušte čistou kuchyňskou utěrkou.
f) Odřízněte z fíků stonky a do horní části každého fíku nařízněte malý křížek, asi do poloviny dolů, abyste vytvořili malou kapsu.
g) Fíky položte na servírovací talíř nebo jednotlivé dezertní talíře.

SLOUŽIT:
h) Vychlazený zabaglione velkoryse nalijte na každý fík.
i) Pokud chcete, pokapejte vrch každého fíku trochou medu a zabaglione pro větší sladkost.
j) Ozdobte lístky čerstvé máty pro nádech barvy a nádech svěžesti.
k) Ihned podávejte. Teplé zabaglione se krásně hodí k čerstvým, zralým fíkům.

71. Růže vonící Bavarois s fíky

SLOŽENÍ:
PRO BAVAROS VONÍCÍ RŮŽÍ:
- 4 žloutky
- 110 g moučkového cukru
- 8 g želatiny (asi 4 pláty)
- 250 ml plnotučného mléka
- ¼ lžičky růžového esenciálního oleje
- 500 ml dvojité smetany

PRO PYŠTĚNÉ FÍKY:
- 100 g moučkového cukru
- 1 vanilkový lusk
- Nakrájená kůra z 1 citronu
- 16 zralých fíků
- Džem nebo želé z růží (volitelně), k podávání

INSTRUKCE:
PRO BAVAROS VONÍCÍ RŮŽÍ:
a) Řádek 6 Formičky na dariole nebo ramekiny s potravinářskou fólií.
b) Do mísy dejte žloutky a moučkový cukr a šlehejte, dokud nebudou světlé a nadýchané.
c) Želatinu namočíme do studené vody a dáme stranou.
d) Na mírném ohni přiveďte mléko k varu a nalijte ho na žloutkovou směs. Poté směs nalijte zpět do hrnce a míchejte na mírném ohni, dokud nezhoustne natolik, aby se pokryla zadní strana lžíce. Odstraňte z tepla.
e) Změklou želatinu vyjmeme z vody, vymačkáme přebytečnou tekutinu a vmícháme do horkého pudinku, dokud se nerozpustí. Vmícháme růžový oto olej.
f) Směs dejte stranou vychladnout.
g) Smetanu ušleháme do tuha a vmícháme do pudinku.
h) Směs nalijte do připravených forem, přikryjte a chlaďte, dokud neztuhne, asi 2-3 hodiny.

PRO PYŠTĚNÉ FÍKY:
i) Do hrnce dejte 800 ml vody a přidejte cukr.
j) Vanilkový lusk rozpulte, vyškrábněte semínka a vmíchejte je do vody. Přidejte nastrouhanou citronovou kůru.

k) Míchejte na mírném ohni, dokud se cukr nerozpustí, a poté přidejte fíky.
l) Jemně povařte 8-10 minut.
m) Opatrně vyjměte fíky a vložte je do servírovací misky.
n) Zvyšte teplotu a vařte pošírovací tekutinu 12–15 minut nebo dokud se nezredukuje asi o tři čtvrtiny.
o) Odstraňte citronovou kůru ze sirupu, mírně vychladněte a nalijte na fíky. Chlad.

SLOUŽIT:
p) Bavarois vyklopte na servírovací talíře a opatrně odlepte potravinářskou fólii.
q) Potřete trochou džemu z okvětních lístků růže nebo želé, pokud používáte, a položte pošírovaný fík stranou.

72. Mousse z čerstvých fíků

SLOŽENÍ:
- 1½ šálku cukru
- 1 šálek vody
- 1 lžíce silného vanilkového extraktu
- 1 Dlouhá kadeř pomerančové kůry
- 1 1-palcový kousek vanilkového lusku
- 6 Zralé fíky popř
- 2 4 uncové sklenice konzervovaných fíků
- 1 lžíce želatiny
- ¼ šálku pomerančové šťávy
- 1½ šálku Creme cukrárny
- 1 šálek těžké smetany
- 1 lžička silného vanilkového extraktu
- 3 bílky
- 1 špetka soli
- 1 lžíce granulovaného cukru
- Světlý pomeranč na strouhání

INSTRUKCE:
a) Do hrnce dejte cukr a vodu; přivést k varu. Když se směs vaří, snižte teplotu a přidejte 1 lžíci vanilky, pomerančovou kůru a vanilkový lusk. Vařte asi 10 minut, dokud směs nezíská sirupovitou a hustou. Přidejte celé fíky a opékejte je asi 25 minut nebo dokud nebudou měkké. Chladný.

b) Vyjměte fíky a dejte sirup, pomerančovou kůru, vanilkový lusk a vanilku do hrnce se 3 až 4 lžícemi vody. Přiveďte k varu po dobu 1 až 2 minut. Vraťte fíky do horkého sirupu; dobře je potřeme polevou a vychladíme.

c) V malé misce smíchejte želatinu s pomerančovou šťávou a dejte ji nad pánev s ne zcela vroucí vodou. Směs dobře promíchejte, dokud se želatina úplně nerozpustí. Když je tekutina docela sirupovitá a už není zrnitá, přidejte do vychladlé fíkové směsi.

d) Odeberte jeden fík na konečnou ozdobu později a poté vložte druhé ovoce, pomerančovou kůru a sirup do nádoby mixéru. Vanilkový lusk rozřízněte ostrým nožem uprostřed a seškrábněte semínka náhodně do směsi. Mixujte při vysoké rychlosti asi minutu nebo dokud se ze směsi nestane husté pyré medové barvy.

e) Ve velké mixovací nádobě smíchejte vychladlé fíkové pyré s creme patisserie.
f) Ve vychlazené misce ušlehejte hustou smetanu s 1 lžičkou vanilkového extraktu. Smetanu ušleháme, dokud dobře nedrží tvar, ale nepřešleháme.
g) Bílky poprášíme špetkou soli a ušleháme do jemné pěny. Když se vytvoří měkké vrcholky, posypte lžící krystalového cukru a poté je silně ušlehejte, dokud nedrží tvar.
h) Fíkovou směs smíchejte se šlehačkou, smetanu jemně zapracujte do pudinku pomocí velké gumové škrabky. Okamžitě vmíchejte kousky vaječných bílků.
i) Vložte do misky a dejte do lednice na cca 4 až 5 hodin. Těsně před podáváním nastrouhejte po celém povrchu kůru ze světlého pomeranče.
j) Odložený fík nakrájejte na tenké proužky a nakrájejte jimi po stranách pěny.

73. Pavlova S Fíky A Granátovým Jablkem

SLOŽENÍ:
- Pavlova s fíky a granátovým jablkem
- 6 bílků
- špetka krému z tatarského kamene
- 1 ½ šálku (330 g) moučkového cukru
- 1 lžíce kukuřičné mouky
- 1 ½ lžičky bílého octa
- 2 lžičky vanilkového extraktu
- 1 (320 g) granátového jablka
- 1 ¾ šálku (430 ml) zahuštěné smetany
- 6 černých nebo zelených fíků, rozpůlených
- 125 gramů malin, rozpůlených

INSTRUKCE:
a) Předehřejte troubu na 120°C. Vyznačte si na pečicí papír obdélník 16 cm x 32 cm nebo dvě kolečka o průměru 21 cm. Obraťte papír na lehce vymazaný velký plech.
b) Bílky a tatarskou smetanu ušlehejte ve střední míse elektrickým šlehačem, dokud se nevytvoří měkké vrcholy. Postupně přidávejte cukr a mezi přidáváním šlehejte, dokud se cukr nerozpustí. Rychle vmíchejte prosátou kukuřičnou mouku, ocet a vanilku.
c) Pusinky rozprostřete na pečicí papír do obdélníku nebo kruhu, po stranách narovnejte. Hladký vrch a bok(y) pavlovy. Pečte 1½ hodiny nebo dokud nebudou suché na dotek. Vypněte troubu; pusinky ochlaďte v troubě s pootevřenými dvířky.
d) Odstraňte semena z granátového jablka; rezervní semena. Smetanu šlehejte, dokud se nevytvoří měkké vrcholy.
e) Těsně před podáváním nalijte na pavlovu lžíci smetany a poklaďte fíky, malinami a semínky granátového jablka. Používáte-li dvě kulaté pavlovy, vložte mezi kolečka polovinu krému, poté pavlovu potřete zbylým krémem, poté ovocem a semínky.

74.Fík, med a ricotta Semifreddo

SLOŽENÍ:
- 200 g čerstvých fíků, nakrájených
- 2 lžíce medu
- 250 g sýra ricotta
- 200 ml husté smetany
- 100 g moučkového cukru
- 1 lžička vanilkového extraktu
- ¼ šálku nasekaných pistácií (volitelně, na ozdobu)

INSTRUKCE:
a) V malém hrnci smíchejte nakrájené fíky a med. Vařte na středním plameni asi 5 minut, nebo dokud fíky nezměknou a med mírně zhoustne. Odstraňte z ohně a nechte zcela vychladnout.
b) V míse smíchejte sýr ricotta, hustou smetanu, moučkový cukr a vanilkový extrakt. Šlehejte elektrickým šlehačem nebo šlehačem, dokud nebude směs hladká a krémová.
c) Vychladlou směs fíků a medu jemně vmíchejte do směsi ricotty, dokud se dobře nespojí.
d) Směs semifreddo nalijte do ošatky nebo jednotlivých servírovacích misek. Vršek uhlaďte špachtlí.
e) Volitelné: Navrch posypte nakrájené pistácie pro větší křupavost a chuť.
f) Pánev nebo misky zakryjte plastovým obalem a vložte do mrazáku alespoň na 6 hodin nebo přes noc, dokud neztuhnou.
g) Chcete-li podávat, vyjměte semifreddo z mrazáku a nechte ho několik minut uležet při pokojové teplotě, aby mírně změklo. Semifreddo nakrájejte nebo naberte a podávejte v jednotlivých pokrmech.
h) Ozdobte dalšími čerstvými fíky nebo kapkou medu, pokud chcete. Vychutnejte si lahodné fíkové, medové a ricottové semifreddo!

75. Fík And Balsamico Pot De Crème

SLOŽENÍ:
- 2 šálky husté smetany
- ½ šálku krystalového cukru
- 6 velkých žloutků
- 1 lžička vanilkového extraktu
- 1 šálek čerstvých fíků, nakrájených
- 2 lžíce balzamikové redukce
- Čerstvé fíky a kapka balzamikové redukce na ozdobu

INSTRUKCE:
a) V hrnci zahřejte smetanu a cukr, dokud se nezačne vařit.
b) Vmícháme nakrájené čerstvé fíky.
c) Odstraňte z ohně a nechte 15 minut louhovat.
d) V samostatné misce ušlehejte žloutky a vanilkový extrakt do hladka.
e) Horkou smetanovou směs s vyluhovanými fíky pomalu za stálého šlehání přilévejte ke žloutkům.
f) Vmícháme balzamikovou redukci.
g) Směs nalijte do jednotlivých kelímků de creme cups a před podáváním nechte alespoň 4 hodiny v lednici.
h) Před podáváním ozdobte čerstvými fíky a zakápněte balzamikovou redukcí.

76.Modrý Sýr A Fík Gelato Affogato

SLOŽENÍ:
MODRÝ SÝR A FÍKOVÉ GELATO:
- 2 šálky plnotučného mléka
- 1 šálek husté smetany
- ¾ šálku krystalového cukru
- 4 velké žloutky
- 4 unce modrého sýra, rozdrceného
- 1 šálek sušených fíků, jemně nasekaných
- 1 lžička vanilkového extraktu

AFFOGATO
- 1 odměrka modrého sýra a fíkové gelato
- 1 panák (asi 1-2 unce) čerstvě uvařeného espressa
- Volitelně: kapka medu na ozdobu

INSTRUKCE:
MODRÝ SÝR A FÍKOVÉ GELATO:
a) V hrnci smíchejte mléko a smetanu. Zahřívejte na středním plameni, dokud se nezačne vařit, za občasného míchání. Nenechte to vařit.
b) V samostatné misce šlehejte cukr a žloutky, dokud se dobře nespojí.
c) Směs teplého mléka a smetany pomalu nalijte do žloutků, za stálého šlehání, aby se vejce temperovala.
d) Vraťte směs do hrnce a vařte na středním plameni za stálého míchání, dokud nezhoustne a nepokryje zadní část lžíce. To by mělo trvat asi 5-7 minut.
e) Sundejte hrnec z ohně a vmíchejte rozdrobený modrý sýr, dokud se zcela nerozpustí a nezapracuje.
f) Vmíchejte nakrájené sušené fíky a vanilkový extrakt, dokud se dobře nespojí.
g) Nechte směs vychladnout na pokojovou teplotu, poté přikryjte a dejte do lednice alespoň na 4 hodiny nebo přes noc, aby vychladla a rozvinula chuť.
h) Po vychladnutí nalijte směs do zmrzlinovače a šlehejte podle pokynů výrobce, dokud gelato nedosáhne konzistence měkké pro podávání.

i) Gelato přendejte do nádoby s víkem a zmrazte alespoň na 4 hodiny nebo do ztuhnutí.

AFFOGATO

j) Do servírovací sklenice nebo misky dejte kopeček modrého sýra a fíkové gelato.
k) Uvařte panáka espressa pomocí přístroje na espresso nebo některou z alternativních metod vaření uvedených výše.
l) Horké espresso přelijte na kopeček modrého sýra a fíkového gelata.
m) Volitelné: Navrch pokapejte trochou medu pro dotek sladkosti a ozdoby.
n) Okamžitě podávejte Blue Cheese a Fig Gelato Affogato a vychutnejte si jedinečnou kombinaci krémového, pikantního gelata z modrého sýra se sladkými, ovocnými tóny fíků, umocněnými bohatostí espressa.

77. Zlatý Fík Led S Rumem

SLOŽENÍ:
- 150 g sušených fíků připravených k přímé spotřebě
- 250 g kartonového sýra mascarpone
- 200g karton řeckého jogurtu
- 2 lžíce světlého cukru muscovado
- 2 lžíce tmavého rumu

INSTRUKCE:
a) Vložte fíky do kuchyňského robotu nebo mixéru. Přidejte sýr mascarpone, jogurt, cukr a rum. Rozmixujte do hladka, v případě potřeby seškrábejte po stranách.
b) Přikryjte a chlaďte asi 30 minut do vychladnutí.
c) Směs přendejte do zmrzlinovače a zmrazte podle návodu.
d) Přeneste do vhodné nádoby a zmrazte, dokud není potřeba.

78.Bourbon uzená fíková zmrzlina

SLOŽENÍ:
NA ZMRZLINU:
- ½ šálku lehce zabaleného bourbonského uzeného cukru
- ¼ vanilkového lusku podélně rozkrojte a naškrábejte
- ⅛ lžičky jemné mořské soli
- 1 ¼ šálku plnotučného mléka
- 1 ¼ šálku husté smetany
- 4 velké žloutky
- 1 recept Bourbonské fíkové máslo

NA FÍKOVÉ MÁSLO:
- 1 ½ šálku balených nakrájených čerstvých fíků
- ¼ šálku organického krystalového cukru
- 6 lžic bourbon whisky
- špetka jemné mořské soli

INSTRUKCE:
NA ZMRZLINU:
a) Ve středním hrnci s těžkým dnem smíchejte cukr, vanilkový lusk, odřezky, sůl a mléko. Zahřívejte na středním plameni za častého míchání, dokud není mléko páře horké. Mezitím nalijte smetanu do velké, žáruvzdorné mísy a navrch dejte sítko. Vložte vaječné žloutky do střední misky a misku položte na vlhký ručník.
b) Když je mléko horké, pomalu ho zašleháme do žloutků za stálého šlehání, aby se vejce nesrazila. Směs vraťte do hrnce a na mírném plameni za stálého míchání pružnou žáruvzdornou stěrkou vařte, dokud se pudink nezačne "lepit"
c) Okamžitě nalijte pudink přes sítko do studené smetany, abyste zastavili vaření. Přemístěte do lednice a ochlaďte do velmi studeného stavu, nejméně 4 hodiny a až 1 den.
d) Když základna vychladne, ušlehejte ji ve vašem zmrzlinovači podle pokynů výrobce .
e) Vložte velkou chlebovou formu do mrazáku, aby vychladla. Když se zmrzlina stlouká, seškrábněte ⅓ zmrzliny do pánve. Tečkujte ⅓ fíkového pyré. Opakujte se zbývající zmrzlinou a fíkovým máslem, pracujte rychle, aby se zmrzlina nerozetkla, a poté pomocí hůlky nebo nože zakružte horní vrstvu. Zmrazte do ztuhnutí, 2 hodiny a

až několik týdnů. Pro delší skladování přitiskněte kus pergamenu na povrch zmrzliny, abyste zabránili tvorbě ledových krystalků, a pevně ji zabalte.

NA FÍKOVÉ MÁSLO:
f) Ve střední pánvi s těžkým dnem smíchejte nakrájené fíky, cukr, whisky a sůl. Přiveďte k varu na středním plameni, poté snižte teplotu na minimum a vařte, dokud není směs hustá a džemová, asi 10 minut za častého míchání. Nechte mírně vychladnout a poté fíkovou směs nechte projít mlýnkem na potraviny, abyste odstranili slupky. Vzduchotěsně chlaďte, dokud není potřeba, až 1 týden.

79. Fíky A Mascarpone Led

SLOŽENÍ:
- 410 g fíkové konzervy v sirupu
- 250 g kartonového sýra mascarpone
- 3 lžíce čistého medu
- 2 lžičky čerstvé citronové šťávy

INSTRUKCE:
a) Fíky sceďte a odstraňte tuhé konce jejich stonků.
b) Vložte fíky do kuchyňského robotu nebo mixéru a přidejte mascarpone, med a citronovou šťávu. Rozmixujte do hladka.
c) Přikryjte a chlaďte asi 30 minut do vychladnutí.
d) Směs přendejte do zmrzlinovače a zmrazte podle návodu.
e) Přeneste do vhodné nádoby a zmrazte, dokud není potřeba.

KOMĚNÍ

80. Konzervované Obr

SLOŽENÍ:
- Fíky (ne příliš zralé)

INSTRUKCE:
a) Začněte tím, že fíky důkladně omyjte.
b) Omyté fíky vložíme do hrnce, zalijeme vodou a přivedeme k varu. Fíky vařte 2 minuty.
c) Fíky slijte, ale vodu si určitě chraňte před varem.
d) Na přípravu řídkého sirupu použijte vodu, kterou jste si ušetřili z vaření fíků. Tuto vodu přiveďte k varu.
e) Vložte fíky zpět do sirupu a vařte je dalších 5 minut.
f) Pokud dáváte přednost sladšímu produktu, můžete připravit těžký sirup smícháním vody a cukru ve stejných částech. Případně do sirupu přidejte pár plátků citronu.
g) Vařte fíky v hustém sirupu nebo sirupu s přidanými plátky citronu dalších 5 minut.
h) Zabalte horké, vařené fíky do sklenic a naplňte je do ½ palce od vrcholu sirupem pro předvaření.
i) Sklenice uzavřete tak, že na ně nasadíte uzávěry a pevně utáhnete pásky.
j) Vaše konzervované fíky jsou nyní připraveny k vychutnání nebo uskladnění pro pozdější použití!

81. Džem ze sušených fíků

SLOŽENÍ:
- 28 uncí sušených fíků (domácích nebo komerčních)
- 5 šálků vody
- ½ šálku čerstvé citronové šťávy
- 3 šálky cukru
- Semena z odšťavněných citronů
- 1 lžička mletého kardamomu
- 1 lžíce tmavého rumu

INSTRUKCE:
a) Sušené fíky vložte do 4-litrového hrnce. Přidejte všechnu vodu, přikryjte hrnec a přiveďte k varu. Jakmile se vaří, stáhněte hrnec z ohně a nechte fíky alespoň hodinu ve vodě, aby nakynuly. K vyjmutí fíků z vody použijte děrovanou lžíci, ale nezapomeňte si vodu rezervovat.
b) Z fíků odstřihněte stonky pomocí nůžek a ručně nebo v kuchyňském robotu je nahrubo nasekejte.
c) Do vody naplněné fíky přidejte citronovou šťávu a cukr. Směs přiveďte k varu, poté snižte plamen a nechte 5–10 minut vařit.
d) Sbalte citronová semínka do kousku tenká a vhoďte je do vody s fíky. Do směsi přidejte nakrájené fíky.
e) Fíkovou marmeládu přivedeme k dalšímu varu a necháme 15-20 minut vařit, dokud mírně nezhoustne. Odstraňte hrnec z ohně.
f) Odstraňte svazek gázy s citronovými semínky. Vmíchejte tmavý rum a mletý kardamom, dokud se dobře nespojí.
g) Nalijte džem do půllitrových sklenic (půllitrové sklenice fungují také) a ponechte ¼-palcový prostor. Sklenice uzavřete podle pokynů výrobce.
h) Uzavřené sklenice zpracujte ve vroucí vodní lázni po dobu 15 minut.
i) Užijte si svůj domácí džem ze sušených fíků!

82. Kandované Obr

SLOŽENÍ:
- Čerstvé zelené zralé fíky, dost na to, aby naplnily vaši elektrickou pánev (ne přezrálé)
- 1 lžička jedlé sody
- 1¼ šálku jablečného moštu
- 3 šálky cukru

INSTRUKCE:
a) Začněte tím, že ve středně velké pánvi uvaříte trochu vody a přidáte do ní 1 lžičku jedlé sody.
b) Touto směsí nalijte čerstvé fíky a nechte je asi pět minut nasáknout. Ujistěte se, že voda zcela pokrývá fíky, a jemně je otočte, aby se rovnoměrně nasákly.
c) Sceďte a důkladně fíky propláchněte, poté je vložte do elektrické pánve.
d) V malé pánvi smíchejte jablečný mošt a cukr a přiveďte směs k varu.
e) Nalijte horký cider a směs cukru na fíky v pánvi.
f) Pánev zakryjte a fíky vařte 1 hodinu při 250 °F (120 °C).
g) Kandované fíky nechte vychladnout a nechte přes noc stát.
h) Druhý den fíky vařte další hodinu bez pokličky.
i) Fíky ještě jednou vychladíme a necháme přes noc odstát.
j) Třetí den fíky vařte ještě 1 hodinu a poté je nechte vychladnout.
k) Jakmile kandované fíky vychladnou, uložte je na plech. Nechte je 2 nebo 3 dny odstát a jednou nebo dvakrát je otočte, abyste zajistili rovnoměrné vysušení.
l) Po dostatečném zaschnutí zabalte kandované fíky mezi vrstvy voskovaného papíru. Uchovávejte je v lednici, dokud se všechny nesní.
m) Užijte si své domácí kandované fíky!

83. Brusinkovo-fíkové chutney

SLOŽENÍ:
- 4 šálky brusinek, hrubě nasekaných
- 1 jednopalcový zázvorový kořen, oloupaný a jemně nastrouhaný
- 1 velký pupečník, nakrájený na čtvrtky a nakrájený nadrobno
- 1 malá cibule, nakrájená nadrobno
- ½ šálku sušeného rybízu
- 5 sušených fíků, jemně nakrájených (Calamyrna nebo Black Mission)
- ½ šálku vlašských ořechů, opečených a nahrubo nasekaných
- 2 lžíce hořčičných semínek
- 2 lžíce jablečného octa
- ¾ šálku Bourbon nebo skotské whisky (volitelné)
- 1½ šálku světle hnědého cukru
- 2 lžičky mleté skořice
- 1 lžička mletého muškátového oříšku
- ½ lžičky mletého hřebíčku
- ½ lžičky soli
- ⅛ lžičky kajenského pepře

INSTRUKCE:
a) Ve čtyřlitrovém hrnci smíchejte nahrubo nasekané brusinky, najemno nastrouhaný zázvor, nadrobno nakrájený pupeční pomeranč, na kostičky nakrájenou cibuli, sušený rybíz, nakrájené sušené fíky, opečené a nasekané vlašské ořechy, hořčičná semínka, strouhaný zázvor, jablečný ocet a whisky (pokud použitím).
b) V malé misce důkladně promíchejte hnědý cukr, skořici, muškátový oříšek, hřebíček, sůl a kajenský pepř.
c) Suché ingredience z malé misky přidejte do hrnce k ostatním ingrediencím. Míchejte, aby se vše spojilo.
d) Směs zahřívejte, dokud nepřijde k varu.
e) Snižte plamen a za častého míchání nechte chutney 25–30 minut probublávat.
f) Po dokončení nechte chutney vychladnout a poté jej chlaďte až na 2 týdny. Alternativně lze zmrazit až na 1 rok.
g) Vychutnejte si lahodný brusinkový fíkový chutney!

84. Fík, Rozmarýn A Džem z červeného Vína

SLOŽENÍ:
- 1 ½ šálku Merlotu nebo jiného ovocného červeného vína
- 2 lžíce čerstvých listů rozmarýnu
- 2 šálky jemně nasekaných čerstvých fíků
- 3 lžíce klasického pektinu
- 2 lžíce lahvové citronové šťávy
- 2 ½ hrnku cukru

INSTRUKCE:
a) Červené víno a lístky čerstvého rozmarýnu přiveďte k varu v malém nerezovém nebo smaltovaném hrnci.
b) Vypněte oheň, přikryjte pánev a nechte 30 minut louhovat.
c) Namáčené víno nalijte přes jemné síto z drátěného pletiva do 4litrového nerezového nebo smaltovaného hrnce. Listy rozmarýnu vyhoďte.
d) Vmíchejte najemno nakrájené fíky, klasický pektin a citronovou šťávu v lahvi.
e) Za stálého míchání přiveďte směs k plnému varu na vysokém ohni.
f) Přidejte cukr, pokračujte v míchání, dokud se úplně nerozpustí.
g) Směs vraťte do úplného varu a za stálého míchání nechte 1 minutu vařit.
h) Odstraňte hrnec z ohně a v případě potřeby seberte veškerou pěnu.
i) Pokračujte v zavařování nebo uchovávání džemu ve sterilizovaných sklenicích.

KOKTEJLY

85.Mocktail Calvados Teardrop

SLOŽENÍ:
- 1½ unce jablečné šťávy
- ½ unce citronové šťávy
- Jednoduchý sirup z uzených fíků
- ⅛ libry tureckých fíků, sušených a nakrájených na kostičky
- ¼ libry mise fíky, sušené a nakrájené na kostičky

INSTRUKCE:
a) V šejkru rozmačkejte fíky.
b) Přidejte led, jablečnou šťávu, citronovou šťávu a uzený jednoduchý sirup.
c) Silně protřepejte.
d) Přecedíme do vychlazené sklenice.

86.Fíky a rozmarýnem napuštěná voda

SLOŽENÍ:
- 4–6 čerstvých fíků, odstopkovaných a rozpůlených
- 2-3 snítky čerstvého rozmarýnu
- 1 litr (4 šálky) vody
- Ledové kostky

INSTRUKCE:
a) Ve velkém džbánu smíchejte rozpůlené fíky a čerstvé snítky rozmarýnu.
b) Naplňte džbán vodou.
c) Přikryjte a dejte do lednice alespoň na 4 hodiny nebo přes noc, aby se chutě rozvinuly.
d) Podávejte vychlazené na kostkách ledu.
e) Volitelně můžete každou sklenici ozdobit dalšími plátky fíku a snítkami rozmarýnu pro elegantní prezentaci. Vychutnejte si jemně infuzovanou chuť fíku a rozmarýnu ve vaší osvěžující vodě.

87.Grapefruit, Fík A Motýlí Kefír

SLOŽENÍ:
- 1 l vody
- ¼ šálku cukru
- 30 ml vodního kefíru
- 1 sušený fík
- 1 bio plátek citronu
- 3 lžíce květu motýlího hrášku
- ¾ šálku grapefruitové šťávy

INSTRUKCE:
KVAŠENÍ VODNÍHO KEFIRU
a) Do sklenice nalijte 1l vody. Přidejte cukr a míchejte, aby se rozpustil.
b) Přidejte zrnka vodního kefíru, fík a plátek citronu.
c) Sklenici zakryjte bavlněným hadříkem a zajistěte gumičkou.
d) Necháme kvasit 24 až 48 hodin při pokojové teplotě, nebo dokud fík nevyleze na povrch.
e) Směs přefiltrujte a tekutinu uschovejte. Odložte zrna pro váš další recept.

INFUZE A PŘÍCHUŤ
f) Do vodního kefíru přidejte květy modrého hrášku.
g) Necháme přes noc uležet v lednici.
h) Odstraňte květy hrášku a přidejte grapefruitovou šťávu.
i) Důkladně promíchejte.

stáčení do lahví
j) Ochucený kefír lahvujte do tlakově odolných lahví.
k) Nechte uležet při pokojové teplotě, dokud nebude šumění podle vašich představ.
l) Dejte do lednice a užívejte si!

88. Čerstvé fíky Curacao

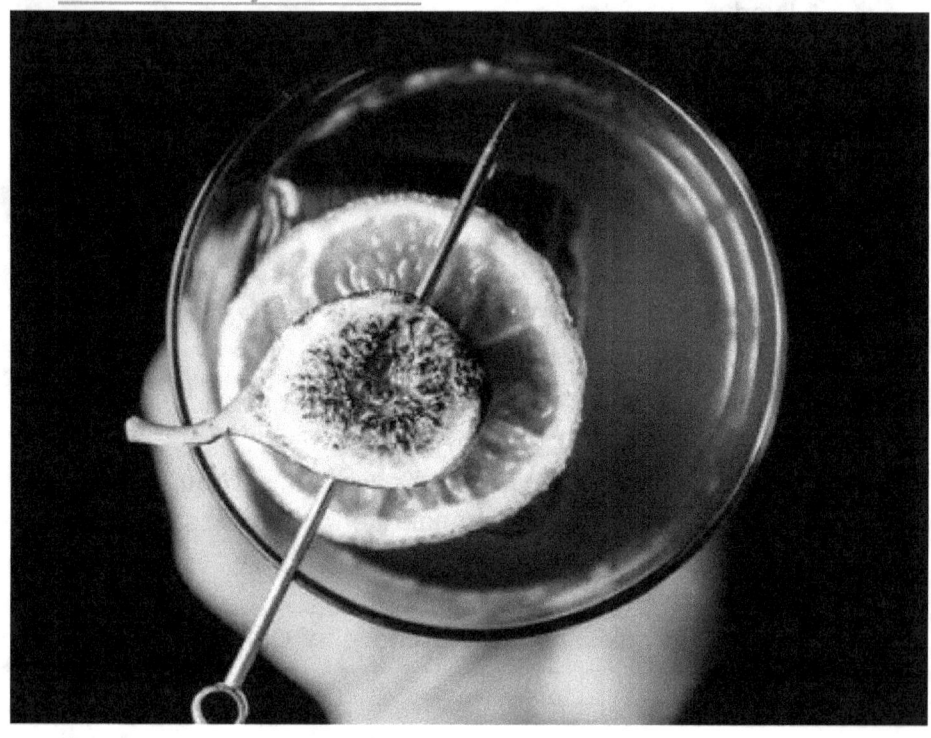

SLOŽENÍ:
- 12 Fíky , oloupané a nakrájené na čtvrtky
- 1 lžíce koňaku
- 1 šálek těžké smetany, šlehačky
- ⅓ šálku Curacao

INSTRUKCE:
a) Marinujte fíky v koňaku 30 minut nebo déle.
b) Smíchejte smetanu a Cura c ao.
c) Přiklopte fíky.

89. Fig & Grand Marnier

SLOŽENÍ:
- ¼ unce jednoduchého sirupu
- ¾ unce Grand Marnier
- ½ unce čerstvé pomerančové šťávy
- 2 unce koňaku napuštěného fíky
- ½ unce čerstvé citronové šťávy

INSTRUKCE:
a) Smíchejte koňak, Grand Marnier, citronovou šťávu, pomerančovou šťávu a jednoduchý sirup.
b) Dobře protřepejte a louhujte několik hodin.
c) Dvakrát sceďte do sklenice.

90.Fíky a levandulová limonáda

SLOŽENÍ:
- 6–8 čerstvých fíků odstopkovaných a nakrájených na čtvrtky
- 1 šálek čerstvé citronové šťávy
- 1/2 šálku medu
- 6 šálků vody
- 2-3 snítky čerstvé levandule (volitelně)
- Ledové kostky

INSTRUKCE:
a) V hrnci smíchejte čerstvé fíky, citronovou šťávu, med a vodu.
b) Směs přiveďte k mírnému varu na středním plameni za občasného míchání, dokud se med nerozpustí.
c) Odstraňte z ohně a nechte vychladnout na pokojovou teplotu.
d) Po vychladnutí směs přeceďte přes jemné síto do džbánu, abyste odstranili kousky fíků.
e) Limonádu nechte vychladit v lednici.
f) Podávejte na kostkách ledu a podle potřeby ozdobte snítkami čerstvé levandule.

91.Malinová A Fíková Limeáda

SLOŽENÍ:
- 1 hrnek malin
- 1 limetka, nakrájená na plátky
- 2 sušené fíky, nakrájené nahrubo
- 3 lístky bazalky, nasekané nahrubo
- 8 šálků pramenité vody

INSTRUKCE:
a) Vložte všechny ingredience do skleněné nádoby.
b) Vychladíme a necháme louhovat alespoň 1 hodinu.

92.Fík A Med Smoothie

SLOŽENÍ:
- 6–8 čerstvých fíků odstopkovaných a nakrájených na čtvrtky
- 1 zralý banán, oloupaný a nakrájený na plátky
- 1 hrnek řeckého jogurtu
- 1 lžíce medu
- 1/2 šálku mandlového mléka (nebo jakéhokoli mléka dle vašeho výběru)
- Ledové kostky

INSTRUKCE:
a) V mixéru smíchejte čerstvé fíky, nakrájený banán, řecký jogurt, med a mandlové mléko.
b) Přidejte hrst kostek ledu.
c) Mixujte, dokud nebude hladká a krémová.
d) Nalijte do sklenic a ihned podávejte.

93. Fík a zázvorový ledový čaj

SLOŽENÍ:
- 4–6 čerstvých fíků, odstopkovaných a rozpůlených
- 4 šálky vody
- 4 sáčky černého čaje
- 1-palcový kousek čerstvého zázvoru, nakrájený na plátky
- Med nebo cukr podle chuti
- Plátky citronu (volitelné)

INSTRUKCE:
a) V hrnci přiveďte vodu k varu.
b) Do vroucí vody přidejte sáčky černého čaje a nakrájený zázvor.
c) Snižte plamen a nechte 5 minut vařit.
d) Odstraňte z ohně a nechte mírně vychladnout.
e) Ve džbánu rozmixujte rozpůlené fíky.
f) Uvařeným čajem zalijte rozmačkané fíky.
g) Podle chuti vmícháme med nebo cukr.
h) Čaj vychlaďte v lednici do vychladnutí.
i) Podle potřeby podávejte na ledu s plátky citronu.

94. Kardamom-fíkové brandy

SLOŽENÍ:
- 2 celé lusky kardamomu
- 1 šálek sušených nebo čerstvých fíků, rozpůlených
- 32 uncí brandy

INSTRUKCE:
a) Smíchejte všechny ingredience.
b) Pevně je zakryjte a louhujte na chladném a tmavém místě minimálně 2 dny.

95.Mojito s fíky a mátou

SLOŽENÍ:
- 6–8 čerstvých fíků odstopkovaných a nakrájených na čtvrtky
- 1/4 šálku čerstvých lístků máty
- 2 lžíce limetkové šťávy
- 2 lžíce jednoduchého sirupu
- 1/4 šálku bílého rumu
- Sodovka
- Ledové kostky

INSTRUKCE:
a) V koktejlovém šejkru rozmixujte čerstvé fíky a lístky máty.
b) Do šejkru přidejte limetkovou šťávu, jednoduchý sirup a bílý rum.
c) Naplňte šejkr kostkami ledu.
d) Dobře protřepejte, dokud nevychladne.
e) Směs přecedíme do sklenic naplněných ledem.
f) Doplňte každou sklenici sodou.
g) V případě potřeby ozdobte dalšími lístky máty a plátky fíku.
h) Ihned podávejte a vychutnejte si osvěžující fíkové mojito!

96.Smoothie z fíků a vanilkových lusků

SLOŽENÍ:
- 6–8 čerstvých fíků, odstopkovaných a rozpůlených
- 1 hrnek vanilkového řeckého jogurtu
- 1 zralý banán, oloupaný a nakrájený na plátky
- 1/2 lžičky vanilkového extraktu nebo semínek z 1 vanilkového lusku
- 1/2 šálku mandlového mléka (nebo jakéhokoli mléka dle vašeho výběru)
- Ledové kostky

INSTRUKCE:
a) V mixéru smíchejte čerstvé fíky, vanilkový řecký jogurt, nakrájený banán, vanilkový extrakt nebo semínka a mandlové mléko.
b) Přidejte hrst kostek ledu.
c) Mixujte, dokud nebude hladká a krémová.
d) Nalijte do sklenic a ihned podávejte.

97. Ledový čaj s fíky a skořicí

SLOŽENÍ:
- 6–8 čerstvých fíků, odstopkovaných a rozpůlených
- 4 šálky vody
- 4 sáčky černého čaje
- 1 tyčinka skořice
- 1/4 šálku medu nebo cukru (volitelně)
- Plátky citronu (volitelné)
- Ledové kostky

INSTRUKCE:
a) V hrnci přiveďte vodu k varu.
b) Do vroucí vody přidejte sáčky černého čaje a tyčinku skořice.
c) Snižte plamen a nechte 5 minut vařit.
d) Odstraňte z ohně a nechte mírně vychladnout.
e) Ve džbánu rozmixujte rozpůlené fíky.
f) Uvařeným čajem zalijte rozmačkané fíky.
g) Podle chuti vmíchejte med nebo cukr.
h) Čaj vychlaďte v lednici do vychladnutí.
i) Podle potřeby podávejte na ledu s plátky citronu. Vychutnejte si osvěžující a jemně kořeněný ledový čaj s fíkem a skořicí!

98.Fík A Kokosová Voda Smoothie

SLOŽENÍ:
- 6–8 čerstvých fíků, odstopkovaných a rozpůlených
- 1 šálek kokosové vody
- 1/2 hrnku obyčejného řeckého jogurtu
- 1 lžíce medu (volitelně)
- 1/2 lžičky vanilkového extraktu
- Ledové kostky

INSTRUKCE:
a) V mixéru smíchejte čerstvé fíky, kokosovou vodu, řecký jogurt, med (pokud používáte) a vanilkový extrakt.
b) Přidejte hrst kostek ledu.
c) Mixujte, dokud nebude hladká a krémová.
d) Nalijte do sklenic a ihned podávejte.

99.Fík a bazalka Limonáda

SLOŽENÍ:
- 6-8 čerstvých fíků, odstopkovaných a nakrájených na čtvrtky
- 1 šálek čerstvé citronové šťávy
- 1/2 šálku cukru
- 1/4 šálku čerstvých lístků bazalky, natrhané
- 4 šálky vody
- Ledové kostky

INSTRUKCE:
a) V hrnci smíchejte čerstvé fíky, citronovou šťávu, cukr, lístky bazalky a vodu.
b) Směs přiveďte k varu na středním plameni za občasného míchání, dokud se cukr nerozpustí.
c) Odstraňte z ohně a nechte vychladnout na pokojovou teplotu.
d) Po vychladnutí směs přeceďte přes jemné síto do džbánu, abyste odstranili kousky fíků a lístky bazalky.
e) Limonádu vychladíme v lednici.
f) Podávejte přes kostky ledu. Podle potřeby ozdobte lístky čerstvé bazalky nebo plátky fíku.

100. Tonic z fíků a jablečného octa

SLOŽENÍ:
- 6-8 čerstvých fíků, odstopkovaných a rozpůlených
- 2 lžíce jablečného octa
- 1 lžíce medu
- 4 šálky vody
- Ledové kostky

INSTRUKCE:
a) Ve džbánu smíchejte čerstvé fíky, jablečný ocet, med a vodu.
b) Dobře promíchejte, aby se spojily.
c) Směs chlaďte v lednici alespoň 1 hodinu, aby se chutě propojily.
d) Podávejte přes kostky ledu. Užijte si toto osvěžující a lehce pikantní tonikum z fíků a jablečného octa!

ZÁVĚR

Když se blížíme ke konci „Kuchařské knihy o základních fících", doufáme, že jste byli inspirováni k tomu, abyste při svých kuchařských dobrodružstvích přijali krásu a všestrannost fíků. Ať už si fíky vychutnáte čerstvé, sušené nebo vařené, dokážou pokrmy naplnit svou neodolatelnou sladkostí a jemným profilem chuti. Ať vás každý recept, který vyzkoušíte, přiblíží k objevování nekonečných možností, které toto skromné ovoce nabízí, zatímco budete pokračovat v objevování světa kuchyně zaměřené na fíky.

Zatímco se poslední stránky této kuchařky otáčejí a ve vaší kuchyni doznívají vůně výtvorů s fíky, vězte, že zde cesta nekončí. Sdílejte svou lásku k fíkům s přáteli a rodinou, experimentujte s novými kombinacemi chutí a popusťte uzdu své fantazii při vytváření vlastních mistrovských děl inspirovaných fíky. A až znovu zatoužíte po uklidňujícím objetí fíků, bude tu „ZÁKLADNÍ FÍKOVÁ KUCHAŘKA", která vás provede vaším kulinářským pátráním.

Děkujeme, že jste se k nám připojili na této chutné cestě světem fíků. Ať je vaše kuchyně naplněna sladkou vůní fíků, váš stůl lahodnými fíkovými lahůdkami a vaše srdce radostí z kulinářského objevování. Dokud se znovu nepotkáme, přeji příjemné vaření a dobrou chuť!

www.ingramcontent.com/pod-product-compliance
Lightning Source LLC
Chambersburg PA
CBHW050148130526
44591CB00033B/1074